KANDINSKY.

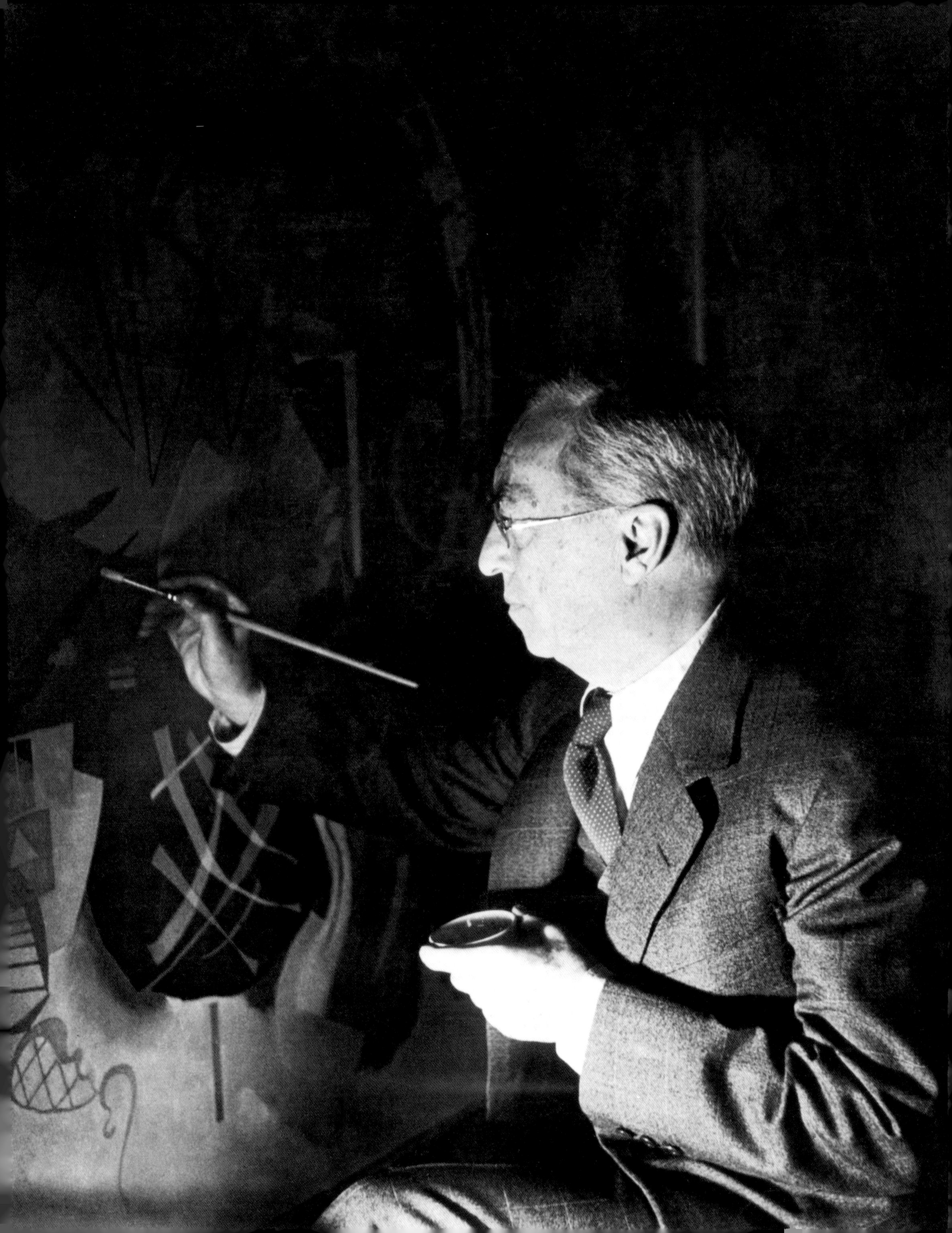

Hajo Düchting

Wassily Kandinsky

1866–1944

Revolution der Malerei

TASCHEN

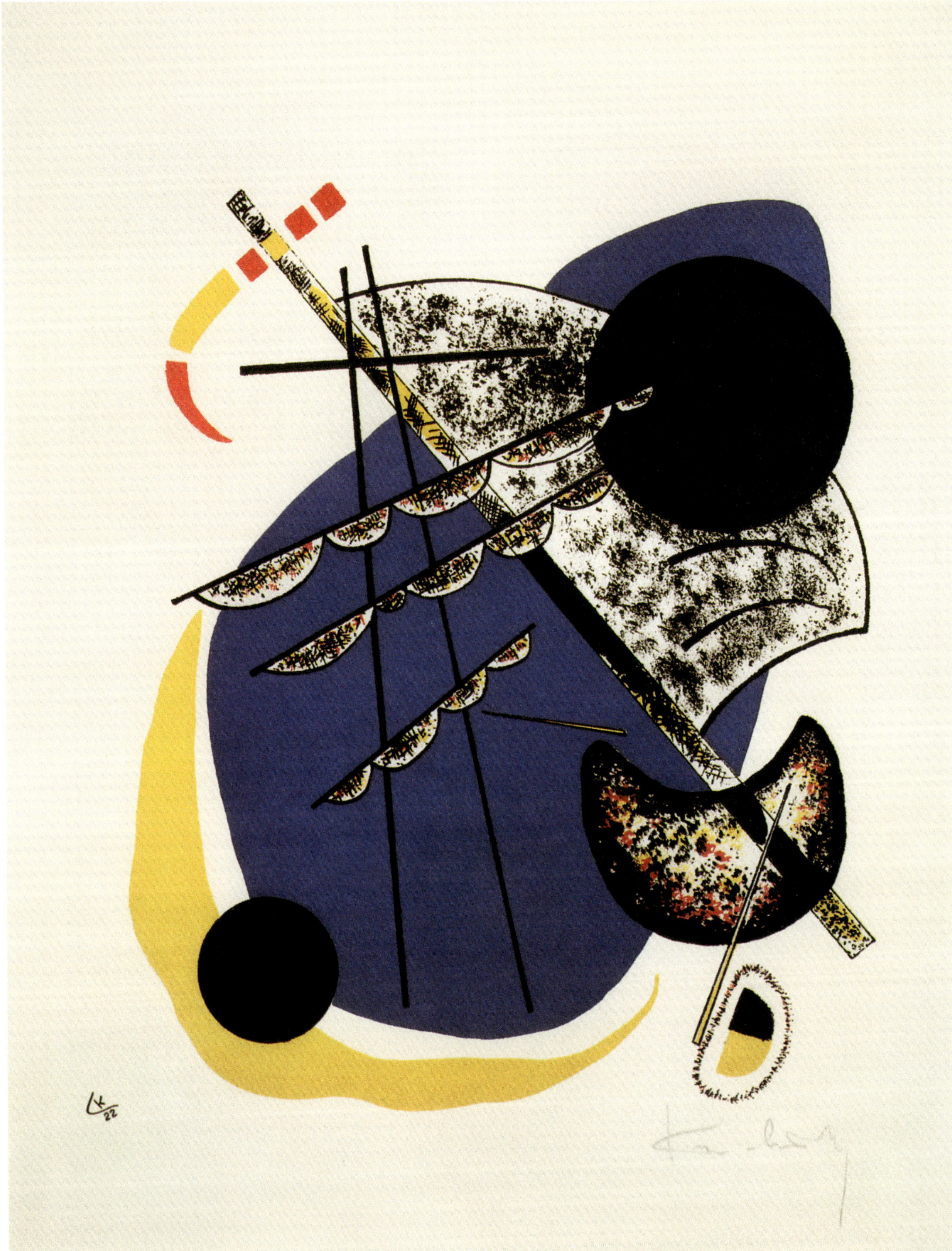

Inhalt

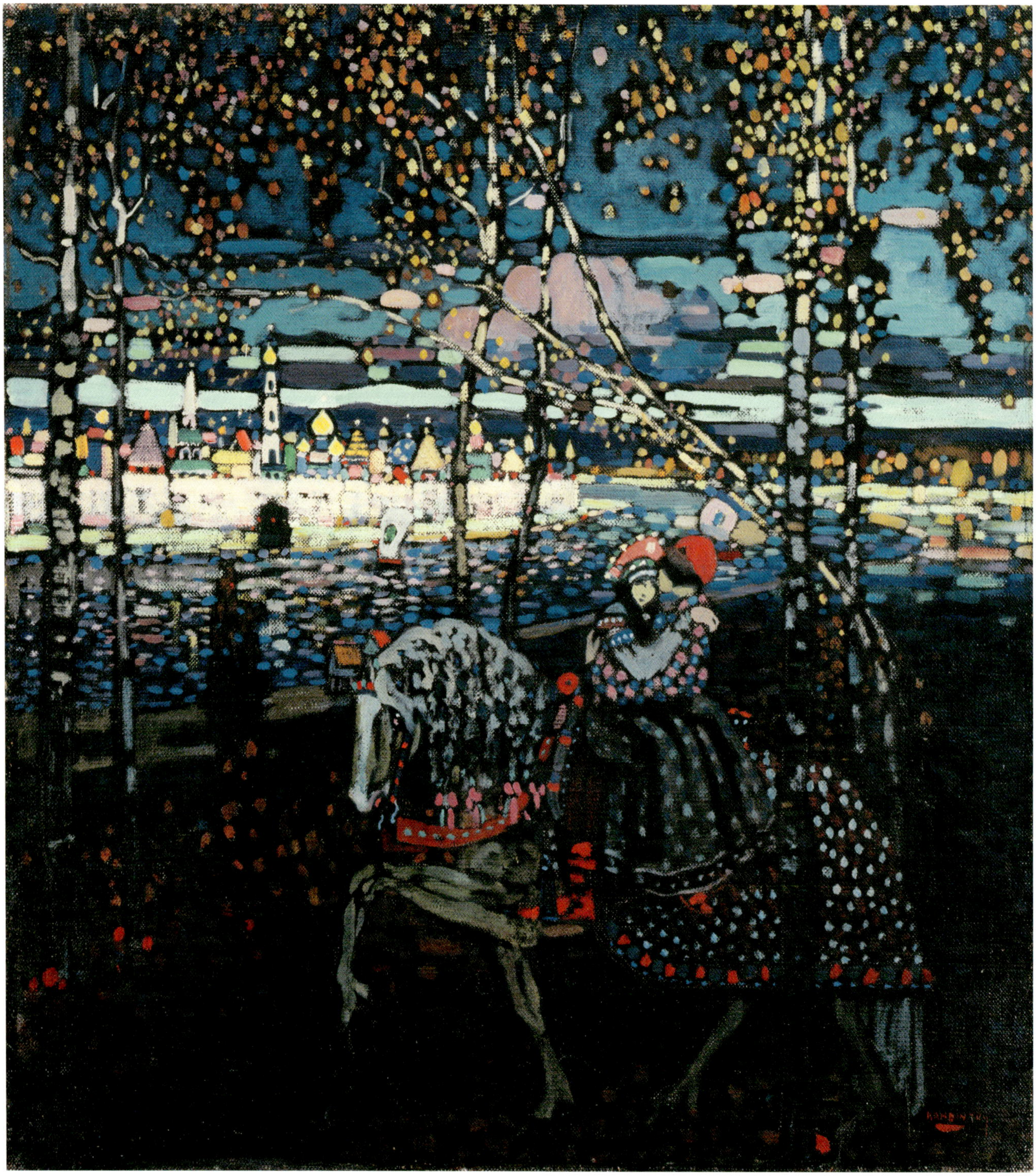

Vorbereitung „Mutter Moskau“
1866–1896

Das Werk Kandinskys, seine Leistungen auf der Suche nach einer neuen Ausdrucksform in der Malerei, ja nach einer neuen Kunstauffassung überhaupt, mögen auch heute noch rätselhaft, sprunghaft, ohne Voraussetzungen erscheinen. Doch auch bei Kandinsky lassen sich, wie eigentlich bei jedem Künstler, biografische Voraussetzungen, prägende Erlebnisse in Kindheit und Jugend erfassen, die neben den vererbten Anlagen auch eine innere Motivation, eine eigentliche schöpferische Antriebskraft, sichtbar machen.

In seinen zahlreichen Schriften hat sich Kandinsky, der auch ein wortgewandter Kunstschriftsteller war, nicht zuletzt über diesen Angelpunkt künstlerischer Tätigkeit geäußert, den er mit „innerer Bestimmung“ oder vor allem mit der „inneren Notwendigkeit“ umschrieb. Genauere Anhaltspunkte zu diesem Kern seines kunsttheoretischen Denkens lassen sich aber in seinem Lebensweg finden.

Wassily Kandinsky wurde am 4. Dezember 1866 (julianischer Kalender; entspricht dem 16. Dezember 1866 im gregorianischen Kalender) in Moskau geboren, zu einer Zeit wirtschaftlicher und kultureller Blüte. Alexander II. hatte 1861 zahlreiche einschneidende Reformen eingeleitet, darunter auch die Rückholung nach Sibirien verbannter Familien. Zu ihnen gehörte auch die Familie Kandinsky, die jahrzehntelang in Ostsibirien lebte, in Kjachta, einer kleinen Handelsstadt nahe der mongolischen Grenze.

Auch Kandinskys Vater verdiente seinen Lebensunterhalt im Teegeschäft. In Moskau heiratete er die für ihre Schönheit und Klugheit berühmte Lydia Ticheeva. Wassily blieb das einzige Kind dieser allerdings nicht lange währenden Verbindung. Die frühesten Erinnerungen an diese Zeit betreffen eine Italienreise im Jahre 1869 und die zunehmende Fähigkeit, Farben zu erleben. In seiner biografischen Skizze „Rückblicke“ benennt Kandinsky die ersten Farben, derer er sich erinnern konnte, als „hell-saftig-grün, weiß, karminrot, schwarz und ockergelb“. Diese „eidetische“ Fähigkeit des Farben- und später Bildererinnerns verließ ihn zeitlebens nicht mehr und bildete eine wesentliche schöpferische Inspirationsquelle. Besonders einprägsam war ihm in dieser Hinsicht das Stadtbild von Moskau, seiner geliebten Heimatstadt, die er später in lyrischen Bildern beschwört.

Moskau erschien Kandinsky wie ein Traum, von dem er noch Jahre später zu zehren suchte, für ihn eine der ersten Inspirationsquellen, eine verinnerlichte Sehnsucht nach Heimat und Geborgenheit. Aus diesem Traum wurde er allerdings schon bald herausgerissen, als sein Vater wegen des Moskauer Klimas 1871

„Die Sonne schmilzt ganz Moskau zu einem Fleck zusammen, der wie eine tolle Tuba das ganze Innere, die ganze Seele in Vibration versetzt. Nein, nicht diese rote Einheitlichkeit ist die schönste Stunde! Das ist nur der Schlussakkord der Symphonie, die jede Farbe zum höchsten Leben bringt, die ganz Moskau wie das fff eines Riesenorchesters klingen lässt und zwingt.“

WASSILY KANDINSKY

Reitendes Paar, 1906
Öl auf Leinwand, 55 x 50,5 cm
München, Städtische Galerie im Lenbachhaus

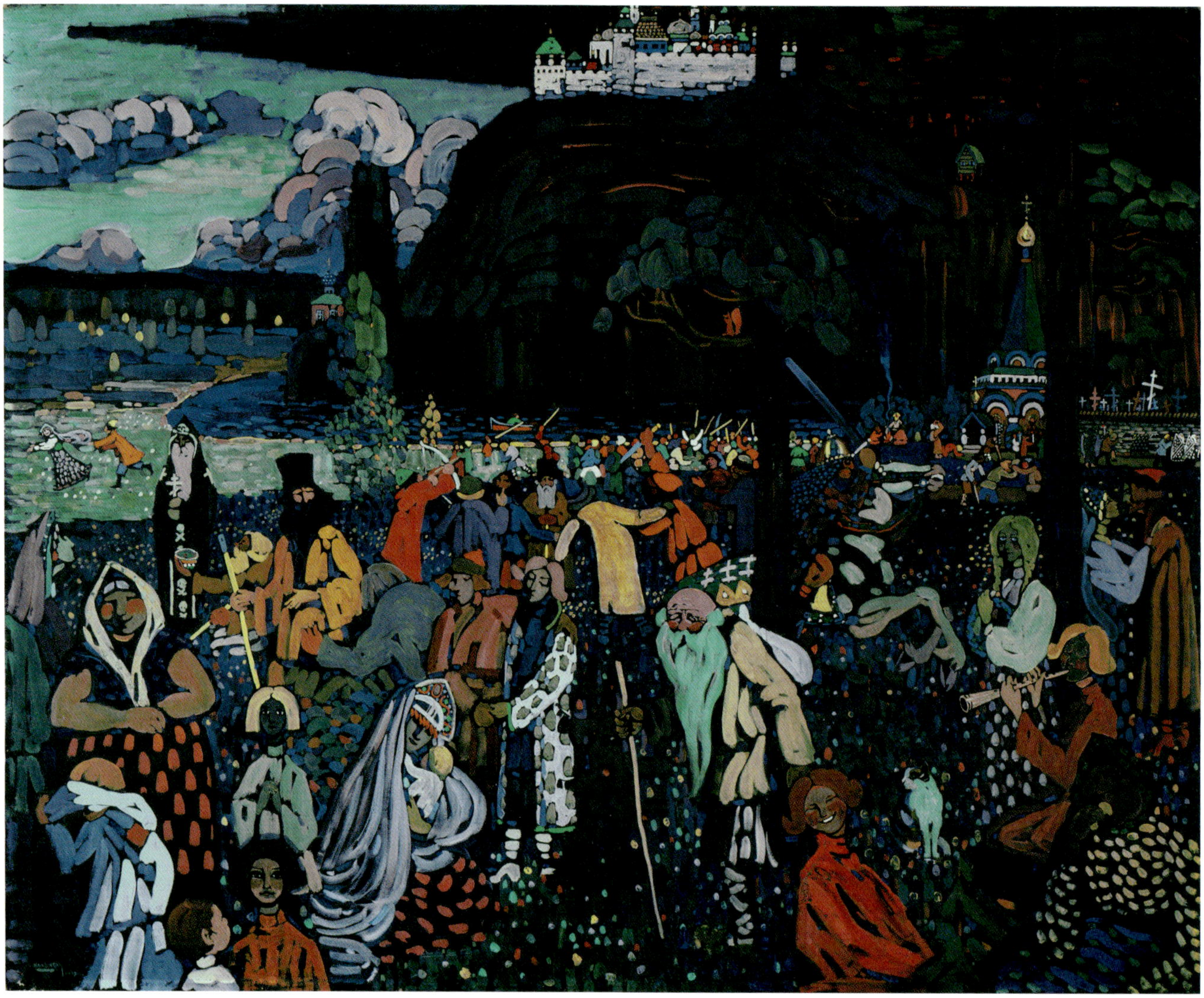

Das bunte Leben, 1907
Tempera auf Leinwand, 130 x 162,5 cm
München, Städtische Galerie
im Lenbachhaus

nach Odessa übersiedelte und dort den Direktorposten in einer Teefabrik annahm. Bald nach der Übersiedlung ließen sich die Eltern scheiden. Um Wassily kümmerte sich seine Tante Elisabeth Ticheeva, die älteste Schwester der Mutter. Es kam zu familiären Spannungen, denen sich der sensible Knabe entzog, indem er in eine innere Welt voller geheimnisvoller Begebenheiten und Märchenpoesie flüchtete. Der ganze Schatz der russischen, aber auch deutschen Märchen, die ihm seine Tante in Deutsch vorlas, bildete auch später noch eine Wurzel seiner künstlerischen Einbildungskraft. Vergeblich versuchte er allerdings, diese inneren Erlebnisse in seinen ersten Malversuchen umzusetzen. Seine Erlebnis- und Vorstellungskraft überstieg noch bei Weitem seine bildnerischen Fähigkeiten. Doch hatte die einfühlsame Tante eine Liebe zur Kunst erweckt, die trotz aller Umwege und Hindernisse wuchs.

In seinen getrennt lebenden Eltern sah Kandinsky im Übrigen nie feindliche Antinomien, sondern zwei sehr verschiedene, aber ihm zugetane Menschen, die – jeder auf seine Weise – seine Sensibilität förderten. Besonders aber in seiner Mutter sah er die besten Eigenschaften verwirklicht, „ernste und strenge Schönheit, feinrassige Einfachheit, unerschöpfliche Energie", ein Wunschbild der Vollkommenheit, aber auch der Spannungen und Gegensätze, dem er noch in seinen späteren Jahren als reifer Künstler in Theorie und Bild nacheifern wird. Im Rückblick erscheint sie ihm als die Verkörperung der „Mutter-Moskau"; in der Verquickung aller Widersprüche und Kontraste der Mutter mit dem geistigen Bild eines „inneren" Moskau vermutete Kandinsky den Ursprung seiner künstlerischen Bestrebungen.

Vielleicht um seinen inneren ungelösten Spannungen einen rationalen Ausgleich zu geben – vielleicht auch als Flucht aus den bedrängenden, unverarbeiteten Gesichten seiner Innenwelt –, wählte Kandinsky das trockene wissenschaftliche Studium der Rechte und der Nationalökonomie. 1886 begann er sein Studium an der Moskauer Universität und konnte wieder in seiner geliebten Heimatstadt leben. In den freien Stunden beschäftigte er sich weiter mit der Malerei und dem „Farbenchorus" der Natur, der ihn aber immer noch vor unlösbare Aufgaben stellte. Um so leichter gelang ihm das Eindringen in die unterschiedlichen Rechtslehren, die seinen Sinn für abstrakte Zusammenhänge schulten. Besonders fesselte ihn das Fach der Nationalökonomie, aber auch die Geschichte des russischen Rechts und des Bauernrechts.

Ein Forschungsauftrag der „Gesellschaft für Naturwissenschaften, Ethnografie und Anthropologie" führte Kandinsky 1889 in das nördliche Gouvernement Wologda, wo er das dortige Bauernrecht und die Überreste der nicht christlichen Religion der syrienischen Urbevölkerung aufzeichnen sollte. Auf dieser Reise empfing Kandinsky nachhaltige Eindrücke der russischen Bauernkultur. Die farbengeschmückten, dekorativ gestalteten Häuser und Möbel, die Buntheit der Trachten erschienen ihm wie ein prachtvolles Gemälde. Das Gefühl, sich in einem Bild zu bewegen, erfasste Kandinsky nach dieser Reise immer wieder, wenn er eine russische Kirche oder später in Bayern die zahllosen Kapellen und Kirchen des Barock betrat. Auch in diesem Erlebnis wird Kandinsky dann eine Quelle seiner künstlerischen Motivation sehen, nämlich „den Beschauer im Bilde spazieren zu lassen, ihn zu der selbstvergessenen Auflösung im Bilde zu zwingen".

Der Auftraggeber war mit dem Ergebnis von Kandinskys Forschungen so zufrieden, dass er den begabten Studenten in seine wissenschaftliche Gesellschaft aufnahm. Einer universitären Karriere stand nun kaum etwas im Wege, und

Sonntag (Altrussisch), 1904
Öl auf Leinwand, 45 x 95 cm
Rotterdam, Museum Boijmans Van Beuningen

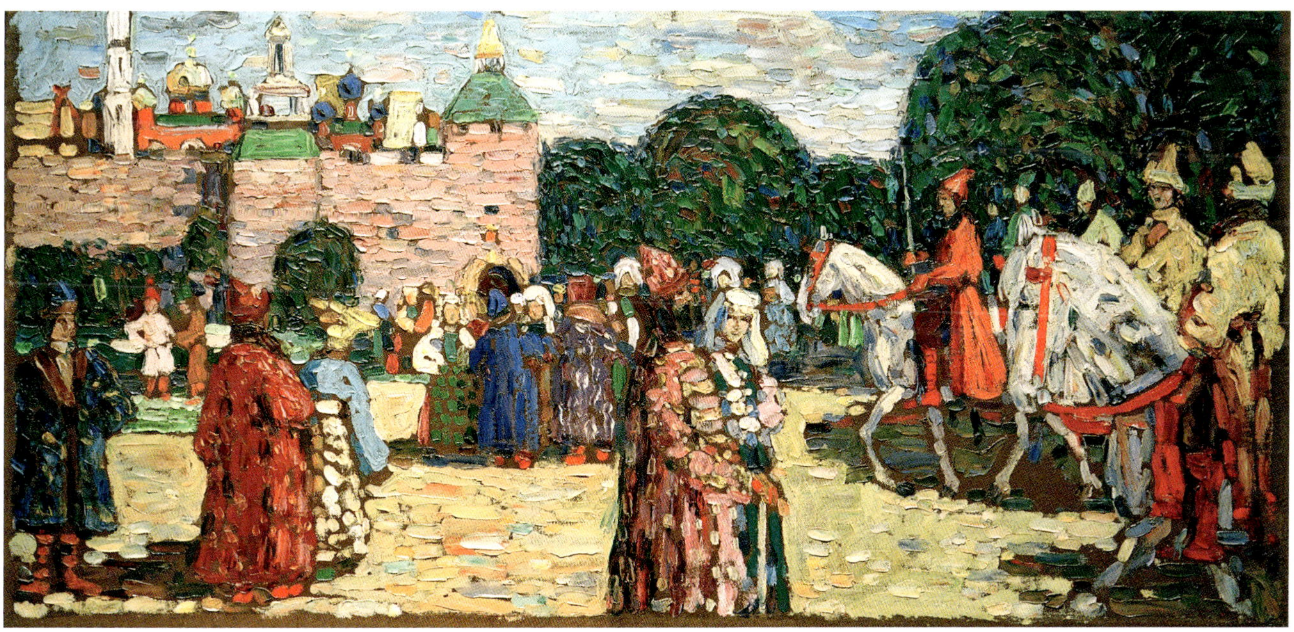

„Und plötzlich zum ersten Mal sah ich ein Bild. Dass das ein Heuhaufen war, belehrte mich der Katalog. Erkennen konnte ich ihn nicht. Dieses Nichterkennen war mir peinlich. Ich fand auch, dass der Maler kein Recht hat, so undeutlich zu malen. Ich empfand dumpf, dass der Gegenstand in diesem Bild fehlt. Und merkte mit Erstaunen und Verwirrung, dass das Bild nicht nur packt, sondern sich unverwischbar in das Gedächtnis einprägt und immer ganz unerwartet bis zur letzten Einzelheit vor den Augen schwebt. Das alles war mir unklar, und ich konnte die einfachen Konsequenzen dieses Erlebnisses nicht ziehen. Was mir aber vollkommen klar war – das war die ungeahnte, früher mir verborgene Kraft der Palette, die über alle meine Träume hinausging. Die Malerei bekam eine märchenhafte Kraft und Pracht. Unbewusst war aber auch der Gegenstand als unvermeidliches Element des Bildes diskreditiert."

WASSILY KANDINSKY

Kandinsky verfolgte diesen Weg scheinbar unbeirrt weiter. Zur gleichen Zeit wurde er auch Mitglied der „Juristischen Gesellschaft". 1892 legte Kandinsky die notwendigen juristischen Staatsexamen mühelos ab und erhielt eine Assistentenstelle an der Moskauer Universität. Dort war ihm als damals einzige weibliche „Gasthörerin" seine Kusine Anja Tschimiakin aufgefallen. Nach dem bestandenen Examen heiratete er sie 1892, doch blieb diese Ehe eine mehr freundschaftliche, verstandesmäßige Beziehung. Indessen war seine unterschwellig sehr wache Liebe zur Kunst durch einige Erlebnisse neu angefacht worden, und Kandinsky stand erneut vor der Entscheidung, entweder die wissenschaftliche Laufbahn einzuschlagen – sogar mit dem Angebot einer Professur an der deutschsprachigen Universität in Dorpat – oder aber das unsichere Leben eines Künstlers zu wählen. Vor allem zwei Ereignisse hatten Kandinsky nach eigener Darstellung tief bewegt: Das eine war die Ausstellung französischer Impressionisten in Moskau, auf der ihn ein „Heuhaufenbild" von Claude Monet verwirrte und bestürzte.

Das zweite „erschütternde", die künstlerische Sensibilität herausfordernde Erlebnis hatte Kandinsky beim Besuch der Wagner-Oper „Lohengrin" im Moskauer Hoftheater. Machtvoll ergriff ihn das Instrumentarium noch nie gehörter Klänge: „Ich sah alle meine Farben im Geiste, sie standen vor meinen Augen. Wilde, fast tolle Linien zeichneten sich vor mir." Die Möglichkeit synästhetischen Erlebens eröffnete Kandinsky die Kraft der Musik und ließ ihn gleichzeitig auch die noch zu entdeckenden Kräfte der Malerei erahnen. Die für ihn nicht nur angenommenen, sondern tatsächlich vorhandenen Beziehungen zwischen Farben und Klängen, zwischen Malerei und Musik, fesselten ihn derart, dass diese geheime Korrespondenz der Künste zu einem Grundpfeiler seiner künstlerischen Überzeugung, ja zum Ausgangspunkt seiner Malerei wurde.

Alle quälende Unsicherheit, die wegrationalisierten Spannungen in seinem Wesen brachen wieder auf. Es bedurfte nur noch eines kleinen Anstoßes, um der Versuchung der Kunst – diesmal endgültig – nachzugeben. Als universal interessierter Wissenschaftler verfolgte Kandinsky mit stetem Interesse auch die Entwicklung der anderen Wissenschaftszweige. Die Entdeckung der Radioaktivität durch den französischen Physiker Antoine Henri Becquerel 1896 erschütterte die Grundfesten des damaligen wissenschaftlichen Weltbildes. Für Kandinsky war damit alles in Bewegung geraten: „Das Zerfallen des Atoms war in meiner Seele dem Zerfall der ganzen Welt gleich. Plötzlich fielen die dicksten Mauern. Alles wurde unsicher, wackelig und weich. Ich hätte mich nicht gewundert, wenn ein Stein vor mir in der Luft geschmolzen und unsichtbar geworden wäre."

Der Weg der Wissenschaft erschien ihm nun als leerer Wahn, das Forschen der Gelehrten als ein Anhäufen von Irrtümern. Kandinskys früheren musischen Neigungen, seine seelischen Gestimmtheiten bei der Beschäftigung mit künstlerischen Dingen, die durch sein Studium verdrängt, aber nie aufgegeben worden waren, bekamen vor diesem Hintergrund ein ganz anderes Gewicht. Kunst war nun für ihn nicht länger eine Möglichkeit, unerträgliche Spannungen und Disharmonien zu überwinden, sondern im Gegenteil der einzige Weg, in dieser Welt voller Widersprüche und Ungereimtheiten eine weiterschauende Position zu beziehen.

Kandinskys Entschluss stand fest; zusammen mit seiner jungen Frau, die nur widerwillig Moskau verließ und mit Bangen der neuen Zukunft an der Seite eines Künstlers entgegensah, fuhr er 1896 nach München, um dort seiner Vision einer neuen Malerei nachzugehen.

Die Sängerin, 1903
Farbholzschnitt, drei Stöcke, zweiter Zustand, 19,5 x 14,5 cm
München, Städtische Galerie im Lenbachhaus

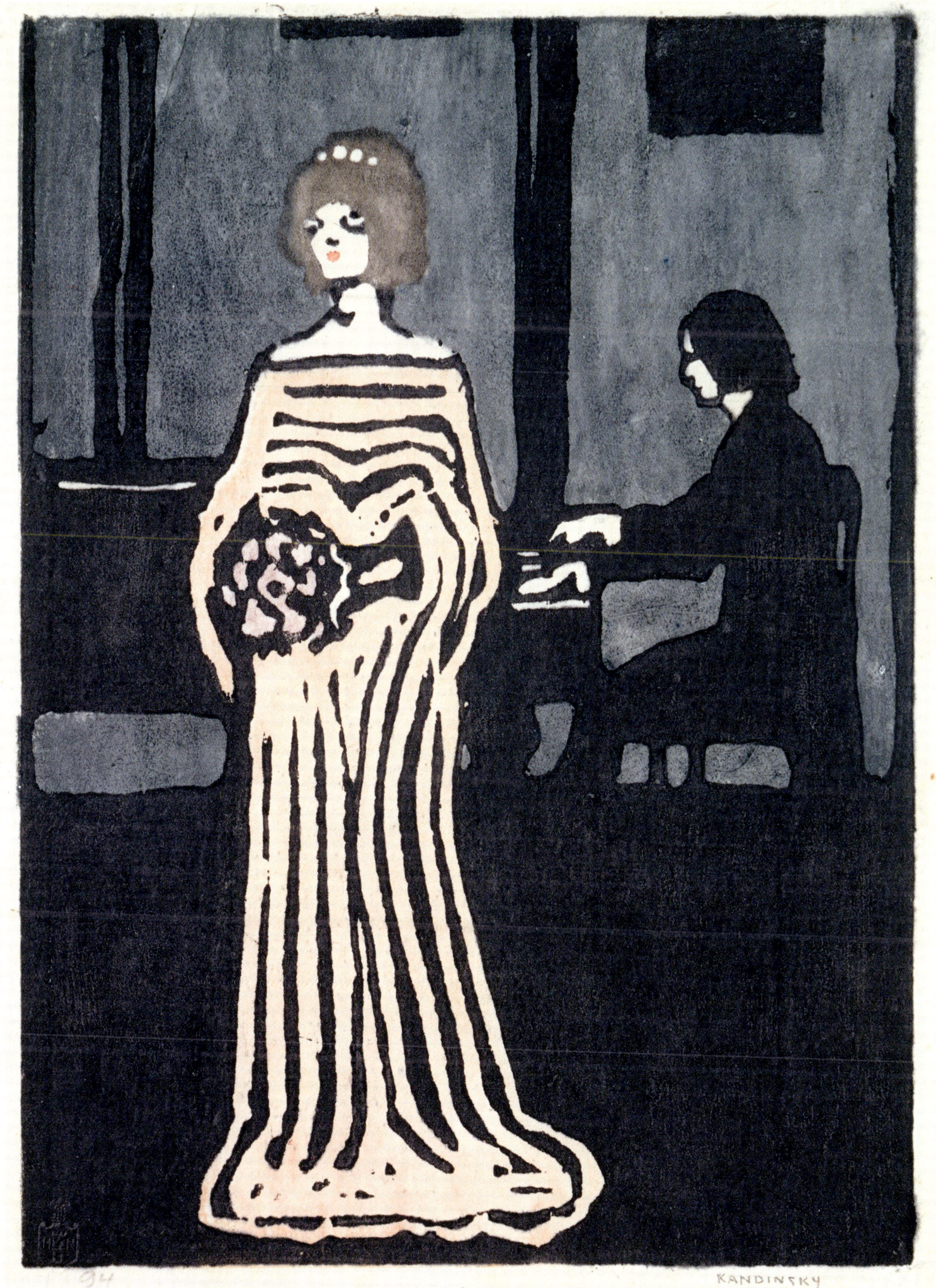
KANDINSKY

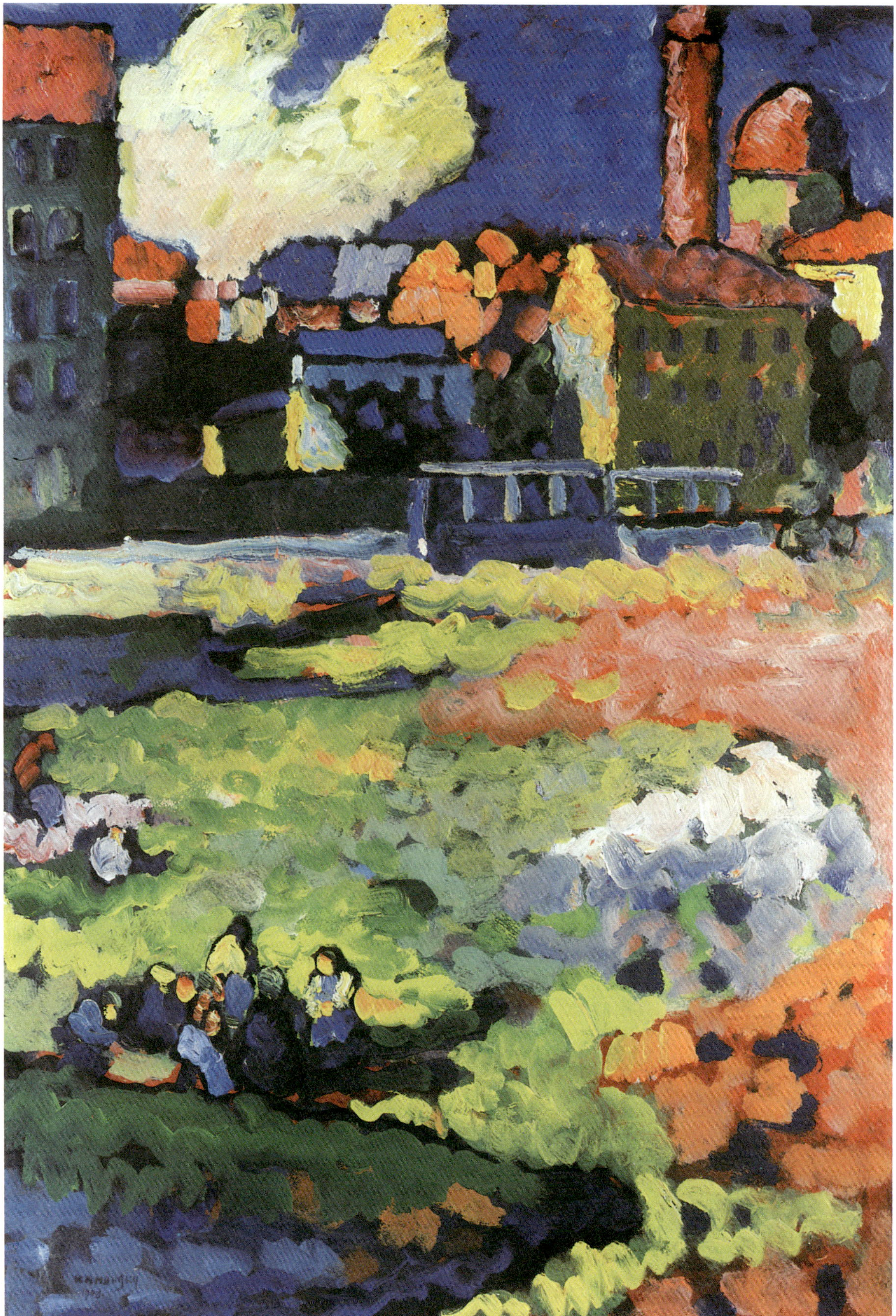

Metamorphose: Kandinsky in München
1896–1911

Als Kandinsky 1896 mit 30 Jahren beschloss, nach München zu gehen, um dort Kunst zu studieren, traf er keine unüberlegte Wahl. München galt zu dieser Zeit als weltoffene Kunststadt, in der so berühmte Malerfürsten wie Franz von Lenbach oder Franz von Stuck den Ton angaben. Mit der Gründung der „Münchner Sezession" 1892 war außerdem Bewegung in die erstarrten Fronten zwischen dem Naturalismus der Münchner Schule, dem akademischen Historismus und den Verfechtern symbolistischer Kunstauffassung geraten. Zwar setzte sich auch die „Sezession" aus einer Schar von Künstlern unterschiedlichster Richtungen zusammen, doch gehörten zu ihnen einige der markantesten Persönlichkeiten des damaligen Kunstlebens, Maler wie Lovis Corinth, Adolf Hoelzel, Max Liebermann, Franz von Stuck, Hans Thoma, Wilhelm Trübner und Fritz von Uhde. Diese Gruppierung zog innerhalb von wenigen Jahren die Abspaltung weiterer Sezessionen wie z. B. in Berlin und Wien nach.

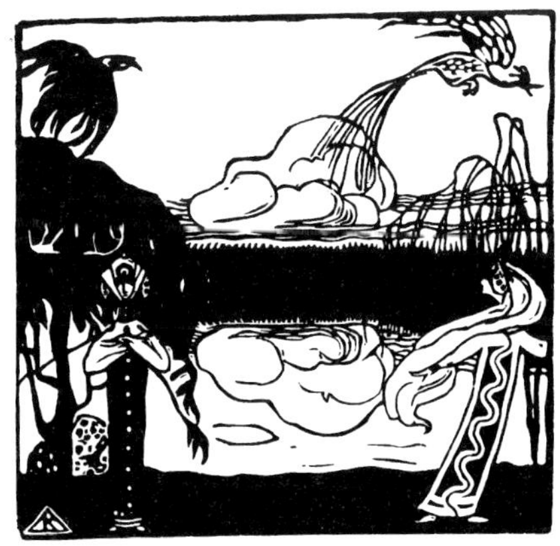

Zwei Vögel, 1907
Holzschnitt, 13,6 x 14,4 cm

Im gleichen Jahr wurde die Zeitschrift *Jugend* gegründet, die dem neuen, sich überall manifestierenden Stil den Namen gab. Der junge Architekt August Endell löste in diesem Jahr mit seinen Entwürfen für das Hofatelier Elvira einen Kunstskandal aus. In seinem Pamphlet von 1896 „Um die Schönheit, eine Paraphrase über die Münchner Kunstausstellungen" fasste er den Kerngedanken der neuen Kunstauffassung in dem folgenden Satz zusammen: „Es gibt keinen größeren Irrtum als den Glauben, die sorgfältige Abbildung der Natur sei Kunst." Dieser revolutionäre Ansatz bezog sich vor allem auf die Werke des Bildhauers Hermann Obrist, der mit seinen kühn abstrahierten Teppichentwürfen, Zeichnungen und plastischen Werken Aufsehen erregte und als eifriger Verfechter des Jugendstils wenig später die „Vereinigten Werkstätten für Kunst im Handwerk" gründete. Sowohl Obrist als auch sein Schüler Endell hatten mit ihrem expressiven Einsatz von Farbe und Linie einen unmittelbaren Einfluss auf Kandinsky.

Zunächst aber unterwarf sich Kandinsky der strengen Disziplin des Aktzeichnens in der Malschule von Anton Ažbe, die er zwei Jahre, allerdings ohne vorzeigbare Erfolge, besuchte. Obwohl ihm das anatomische Zeichnen verhasst war, versuchte er, sich die Grundlagen in Kürze anzueignen. Wichtiger war ihm jedoch der Malunterricht Ažbes, der selbst in einem impressionistischen Stil malte und Kandinsky zu einer divisionistischen Technik mit nebeneinandergesetzten reinen Farben anregte, wie er sie auch noch später in seinen kleinen, impressiven Landschaftsstudien verwendete, zum Beispiel in dem Ölbild *Strandkörbe in*

München-Schwabing mit Ursulakirche, 1908
Öl auf Karton, 68,8 x 49 cm
München, Städtische Galerie
im Lenbachhaus

Holland (Abb. S. 15), das in pastos aufgetragenen, locker nebeneinandergesetzten Farbflecken gemalt ist. Man spürt in solchen Bildern bereits das Verlangen nach selbstständiger Führung der bildnerischen Elemente, doch enthalten sie nicht die strenge Systematik der neoimpressionistischen Bilder, und noch sind sie weit entfernt von Kandinskys eigener abstrakter Bildsprache.

Auch die Anatomiekurse bei Prof. Louis Moilliet, so lebendig und mitreißend sie abgehalten wurden, brachten ihm keine wesentlichen Anregungen und Einsichten. Im Gegenteil befiel ihn immer mehr der Verdacht, dass Anatomie und Kunst zwei grundverschiedene Dinge seien. „Als einige meiner Kollegen meine Hausarbeiten sahen, stempelten sie mich zum ‚Koloristen'. Manche nannten mich nicht ohne Bosheit den ‚Landschaftsmaler'. Beides kränkte mich, obwohl ich die Gerechtigkeit dieser Bezeichnungen einsah. Um so mehr! Ich fühlte tatsächlich, dass ich im Reich der Farben mich viel heimischer fühlte als in dem der Zeichnung. Und ich wusste nicht, wie ich mir diesem drohenden Übel gegenüber helfen sollte."

Kandinsky stellte sich diesen Problemen, indem er nach Ažbes Unterricht Franz von Stuck aufsuchte, der in diesen Jahren als „erster Zeichner" Deutschlands galt. Stuck wies ihn jedoch zunächst ab und forderte ihn auf, einen Zeichenkurs an der Akademie zu besuchen. Kandinsky erlebte die nächste Enttäuschung, als er bei der Aufnahmeprüfung an der Akademie durchfiel. Beim zweiten Versuch nahm ihn Stuck schließlich in seine Malklasse auf, wo zu dieser Zeit auch Paul Klee und Hans Purrmann studierten. Stuck wurde sowohl als Maler wie auch als Lehrer geschätzt, und Kandinsky bemerkt in seinen biografischen Skizzen, dass Stuck ihn die kompositorische Durchführung eines Motivs gelehrt habe.

Nach einem Jahr verließ Kandinsky wieder Stucks Atelier, um von nun an seine künstlerische Entwicklung selbstständig voranzutreiben. Dabei konnte er schon mit der Unterstützung gleichgesinnter Malerkollegen rechnen; bei Ažbe hatte er bereits Alexej Jawlensky und Marianne von Werefkin, zwei russische Landsleute, kennengelernt, die durch Studienaufenthalte in Paris bestens mit der neuen französischen Malerei vertraut waren.

Außerdem war Kandinsky mit Ernst Stern, Stucks Atelierassistenten, bekannt, der ihn vielleicht schon mit dem Puppenspieler Waldemar Hecker und dem

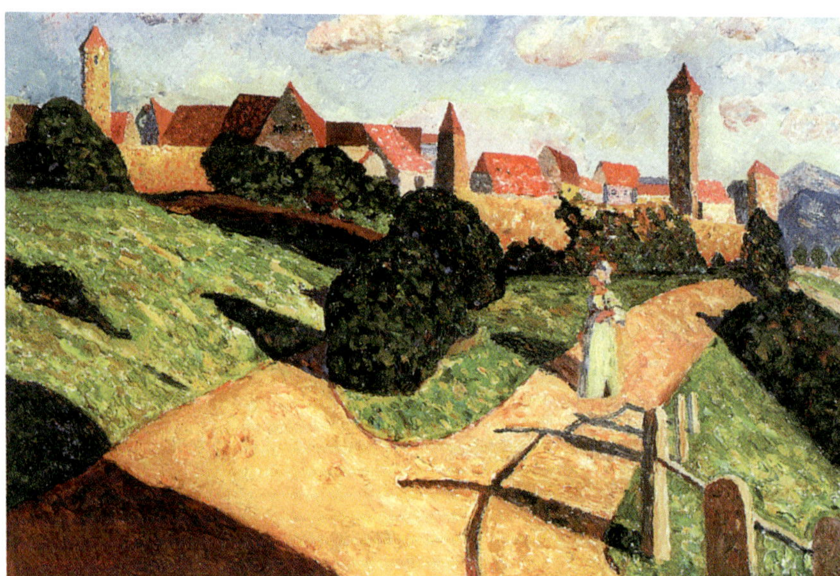

Alte Stadt II, 1902
Öl auf Leinwand, 52 x 78,5 cm
Paris, Musée national d'art moderne, Centre Georges Pompidou

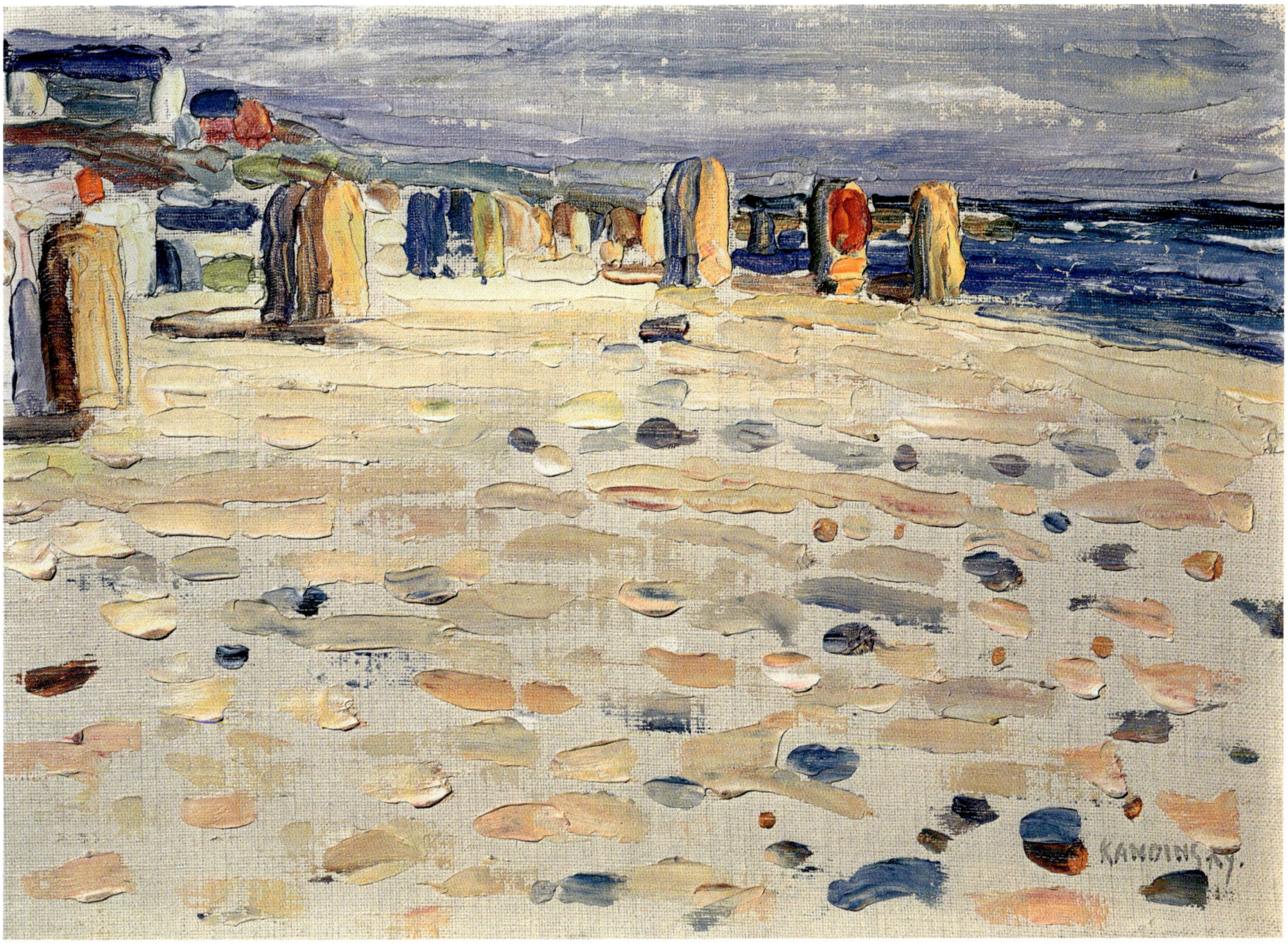

Strandkörbe in Holland, 1904
Öl auf Leinwandkarton, 24 x 32,6 cm
München, Städtische Galerie
im Lenbachhaus

Bildhauer Wilhelm Hüsgen zusammengebracht hatte. Zur gleichen Zeit jedenfalls, als Hüsgen, Hecker und Stern das berühmte literarische und künstlerische Kabarett „Die Elf Scharfrichter" mitgründeten, suchte auch Kandinsky nach einer Gruppe von Künstlern, mit denen zusammen er ein fortschrittliches Ausstellungsprogramm abseits der akademischen Lager verwirklichen konnte. Im Jahre 1901 gründete er den Künstler- und Ausstellungsverein „Phalanx" und eröffnete mit einer Ausstellung eigener Arbeiten sowie der Werke von Alexander von Salzmann, einem Kollegen aus der Stuck-Klasse, und der Freunde des neuen Künstlerkabaretts. Zur Ankündigung hatte Kandinsky ein Plakat entworfen (Abb. S. 17), das den vorwärtsstürmenden Geist der Vereinigung in eine subtile Jugendstil-Bildsprache umsetzte. Im Kabarett der „Elf Scharfrichter" versammelten sich die fortschrittlichen Kräfte der Münchner Kulturszene, wie der Dramatiker Frank Wedekind. Kandinsky wird von diesem intellektuellen Klima wichtige Anstöße empfangen haben, denn nun begann er – neben der Malerei und der Druckgrafik – mit der Abfassung von Kunstkritiken, die er in russischen Zeitschriften veröffentlichte. Das Münchner Kunstleben erschien ihm allerdings zu konservativ, zu spießbürgerlich und engstirnig, beherrscht von den gängigen Doktrinen der akademischen Mittelmäßigkeit. In den folgenden „Phalanx"-Ausstellungen versuchte Kandinsky, die seiner Meinung nach unterrepräsentierten Kunstrichtungen vorzustellen. Das waren vor allem Werke aus dem Umkreis des Impressionismus und des Symbolismus bzw. des Jugendstils.

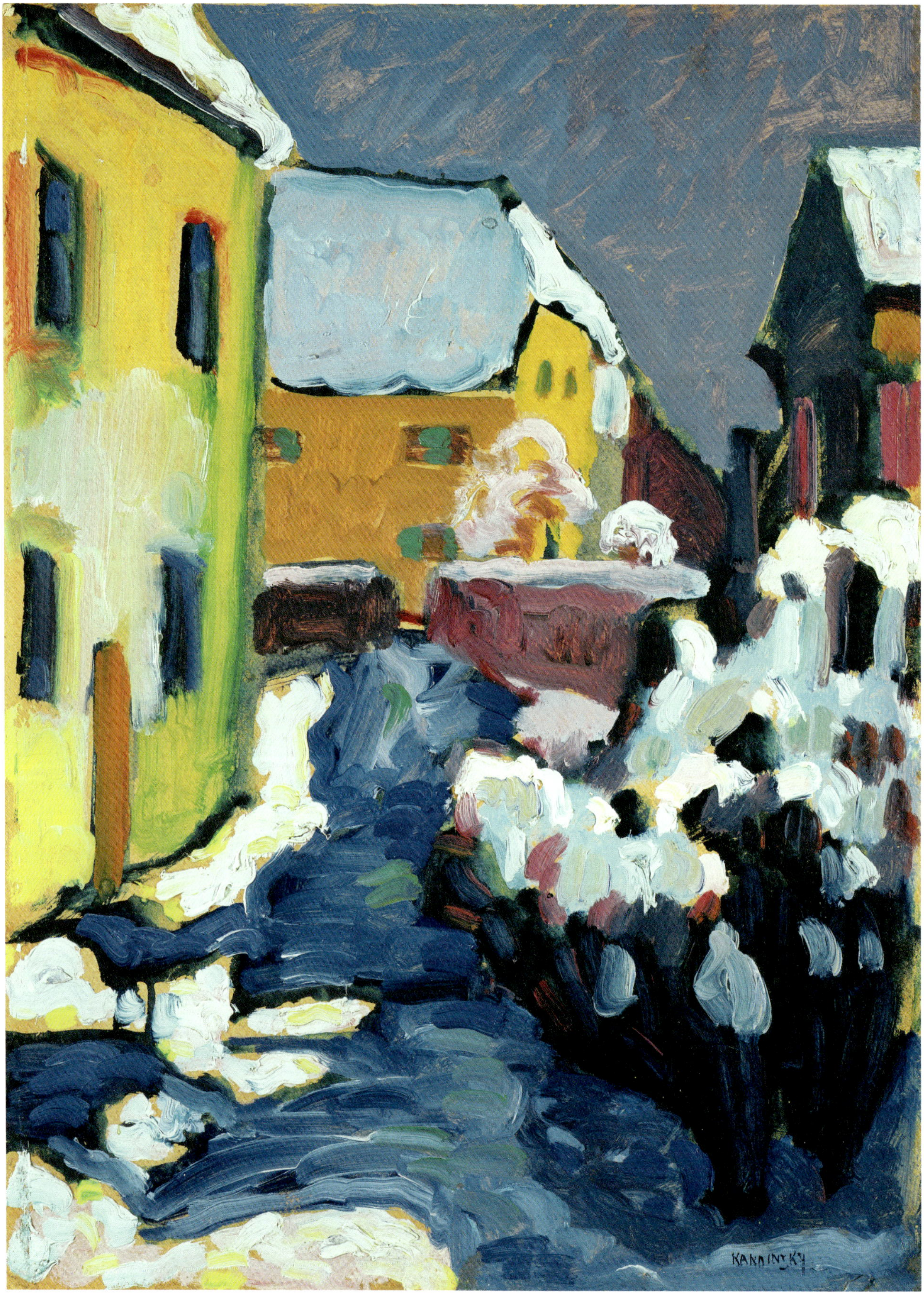

Bereits die zweite „Phalanx"-Ausstellung zeigte vorwiegend Arbeiten des Jugendstils. Kandinsky selbst fühlte sich von dem Potenzial an abstrakten Formen im Jugendstil immer stärker angezogen und notierte in seinen Skizzenbüchern zahlreiche Entwürfe für Applikationen, Schmuckstücke, Keramiken und Möbel.

Größere Ölbilder fehlen allerdings fast ganz in dieser ersten Zeit tastender Versuche und vor allem kunstpolitischer Aktivität. Eines der frühesten, *Alte Stadt II* (Abb. S. 14), zeigt die farbenfrohe Ansicht einer stark stilisierten Stadt, die auf eine Reise Kandinskys nach Rothenburg ob der Tauber zurückgeht. Sie drückt vollkommen die märchenhafte, weltabgewandte Gestimmtheit aus, in der Kandinsky in seinen Anfangsjahren in München befangen war. In dieses romantisch-verklärende Genre gehört auch ein Bild wie *Der Blaue Reiter* (Abb. S. 26) das wie ein Vorbote des Kommenden erscheint.

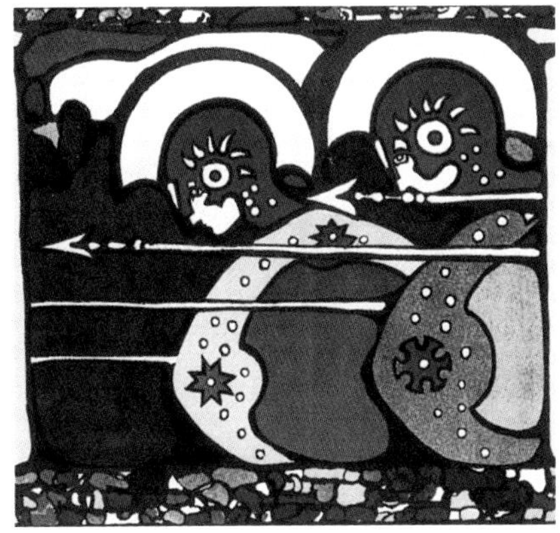

Detail aus dem ***Plakat der ersten Phalanx-Ausstellung,*** 1901
Farblithografie, 52 x 67 cm
München, Städtische Galerie im Lenbachhaus

In der Technik des Holzschnitts fand er nun aber ein adäquates Mittel, Formen zu stilisieren und ihnen gleichzeitig eine symbolische Dimension zu verleihen. Zu seinen frühesten Versuchen gehört *Die Sängerin* (Abb. S. 11) aus dem Jahr 1903, der neben der ornamentalen Flächenaufteilung und den fließenden Jugendstil-Linien auch einen direkten Bezug zur Musik zeigt. Kandinsky war überzeugt von einer „inneren" Korrespondenz zwischen Kunstwerk und Betrachter, die er mit dem Begriff „Klang" umschrieb. *Die Sängerin* könnte eine frühe Versinnbildlichung dieser These sein, die Kandinsky später in seiner theoretischen Schrift „Über das Geistige in der Kunst" mit einem ähnlichen Bild unterlegte: „Im Allgemeinen ist also die Farbe ein Mittel, einen direkten Einfluss auf die Seele auszuüben. Die Farbe ist die Taste. Das Auge ist der Hammer. Die Seele ist das Klavier mit vielen Saiten. Der Künstler ist die Hand, die durch diese oder jene Taste zweckmäßig die menschliche Seele in Vibration bringt."

Eine Serie von Holzschnitten brachte Kandinsky 1904 unter dem Titel *Gedichte ohne Worte* heraus. Eine zweite Serie veröffentlichte er unter dem beziehungsreichen Titel *Xylographien* (Xylographie ist das Fremdwort für Holzschnitt, erinnert aber auch an das Wort Xylophon). Höhepunkt und Abschluss dieser Technik, die für Kandinsky am ehesten dem lyrischen Gedicht entsprach, bildete dann 1913 das Buch *Klänge* mit Gedichten und Holzschnitten. Der Gedanke an eine Verschmelzung der Kunstgattungen, wie sie schon in Kandinskys Holzschnittzyklen als Synthese aus Wort, Bild und Klang angedeutet ist, durchzog damals alle progressiven Geister nicht nur in München und beschleunigte die Herausbildung abstrakter Bildsprachen.

Die Motive dieser Holzschnitte stammen wiederum vorwiegend aus dem Bereich der Märchen- und Sagenwelt oder Kandinskys eigener Fantasie, die er besonders gerne von vergangenen Zeiten, wie dem Mittelalter oder dem Biedermeier, inspirieren ließ. Diese mythischen Welten erleichterten ihm die freie Handhabung von Farben und Formen und die langsame Lösung vom Gegenstand. Die Holzschnitte bedeuteten für Kandinsky einen ersten Schritt zur künstlerischen Selbständigkeit. In ihnen wagte er es zum ersten Mal, seine Vorstellungen und Ideen zu verwirklichen. Von Technik, Stil und lyrischem Modus der Holzschnitte profitierten einige wichtige Gemälde dieser Zeit mit märchenhaften, romantischen Themen, wie das Ölbild *Reitendes Paar* (Abb. S. 6). Auf dunklen Grund, den Kandinsky in dieser Bildserie häufig verwendet, sind kleine bunte Tupfen gesetzt, die wie Edelsteine herausleuchten. Sie bezeichnen eine Stadt am Wasser, die mit ihren Kuppeln an das alte Moskau erinnert, sowie eine unwirkliche Landschaft, durch die ein auf einem Pferd reitendes, eng umschlungenes Paar zieht. Man wird an Kandinskys Schilderungen „seiner" Heimatstadt erinnert, an die unauslöschliche Liebe zur „Mutter-Moskau", aber gleichzeitig

Friedhof und Pfarrhaus in Kochel, 1909
Öl auf Karton, 44,4 x 32,7 cm
München, Städtische Galerie im Lenbachhaus

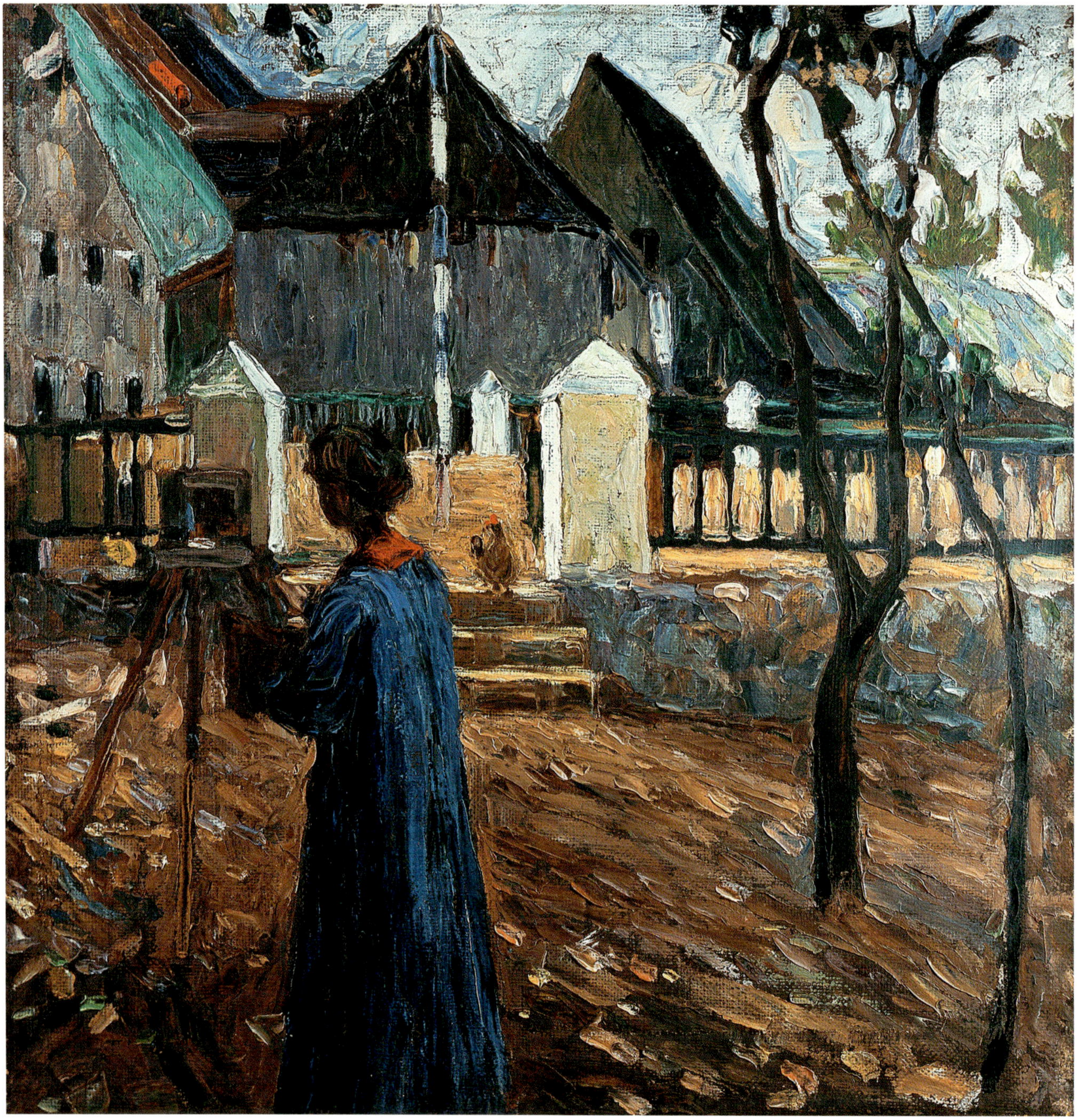

Gabriele Münter beim Malen in Kallmünz, 1903
Öl auf Leinwand, 58,5 x 58,5 cm
München, Städtische Galerie
im Lenbachhaus

auch an zeitgenössische Jugendstil-Illustrationen, die Kandinsky in seinen Holzschnitten als Anregung dienten. Verwandt mit diesen ist auch die ornamentale Gliederung der Komposition sowie die starke Vereinfachung und Stilisierung des Gegenständlichen. Die Wirkung der Farben ist zunächst verblüffend und bezeugt wieder Kandinskys Konzentration auf starke farbige Eindrücke und deren Verbindung mit Stimmungswerten. Aber auch in den Landschaftsstudien zeigt sich dieser Umgang mit der Farbe in pastosen, leuchtenden Farbtupfern. Während sie dort aber in die Landschaft gebunden sind, scheinen sie hier frei im Bild zu schweben und unterstreichen somit die unwirkliche, vom Alltäglichen abgerückte Gesamtstimmung des Bildes.

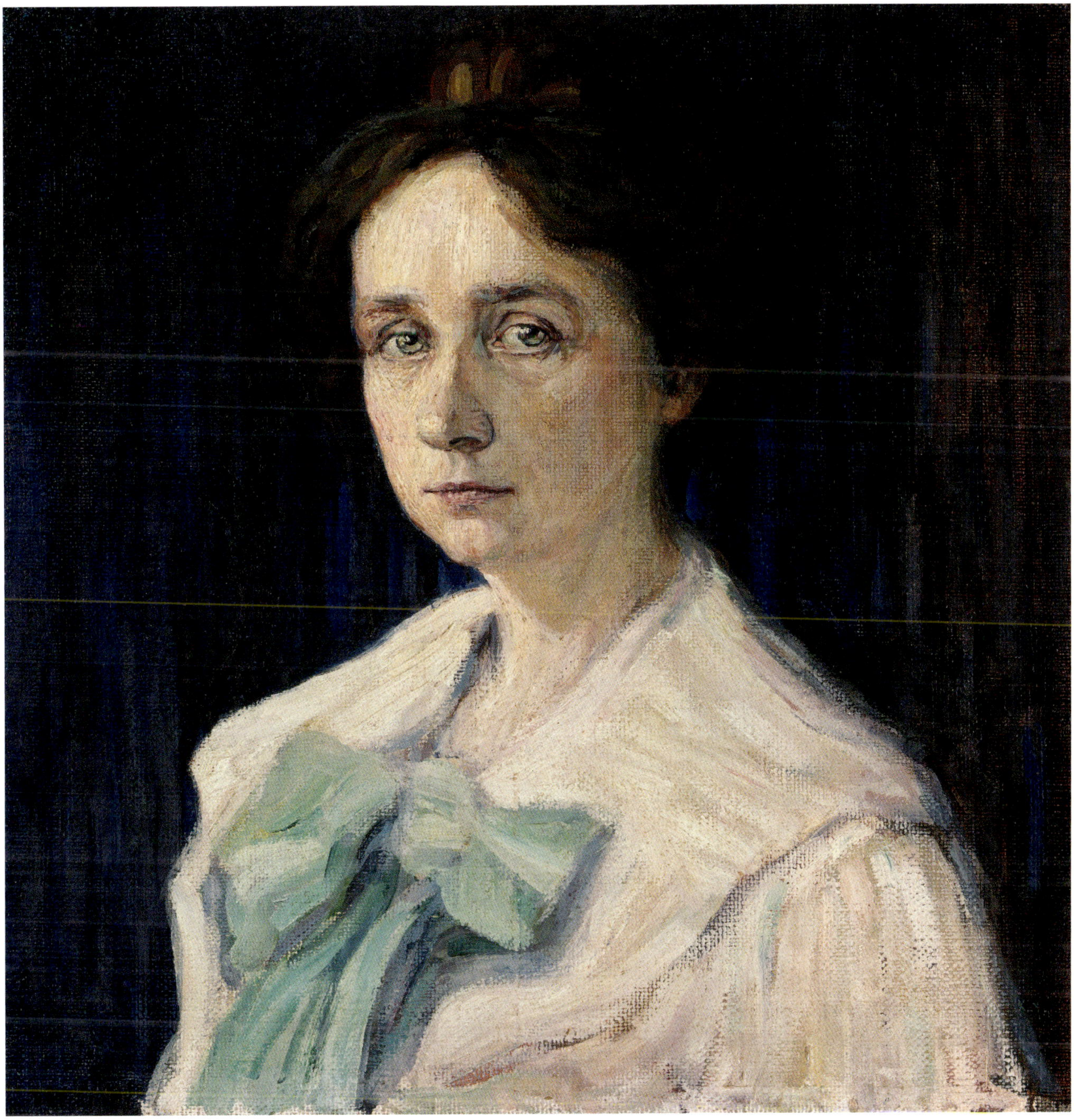

Gabriele Münter, 1905
Öl auf Leinwand, 45 x 45 cm
München, Städtische Galerie
im Lenbachhaus

Eng verbunden mit der mythisch verklärten russischen Heimat ist auch das große Temperabild *Das bunte Leben* (Abb. S. 8), das zu Kandinskys wichtigsten Werken dieser Periode zu zählen ist. Auf den ersten Blick scheint sich ein Sammelsurium bunter Gestalten ziellos durch eine herbstliche Landschaft zu bewegen, über der eine prunkvolle Stadt auf einem Berg thront. Erst nach und nach schälen sich Motivgruppen und Bewegungsrichtungen heraus, und man beginnt zu begreifen, warum Kandinsky nur wenigen Bildern das in seinen Augen höchste Prädikat „Komposition" verliehen hat. Zur Darstellung sollen nämlich alle weltlichen und geistigen Aspekte des russischen Lebens in Vergangenheit und Gegenwart kommen, Aspekte, die den Tod und den Glauben an

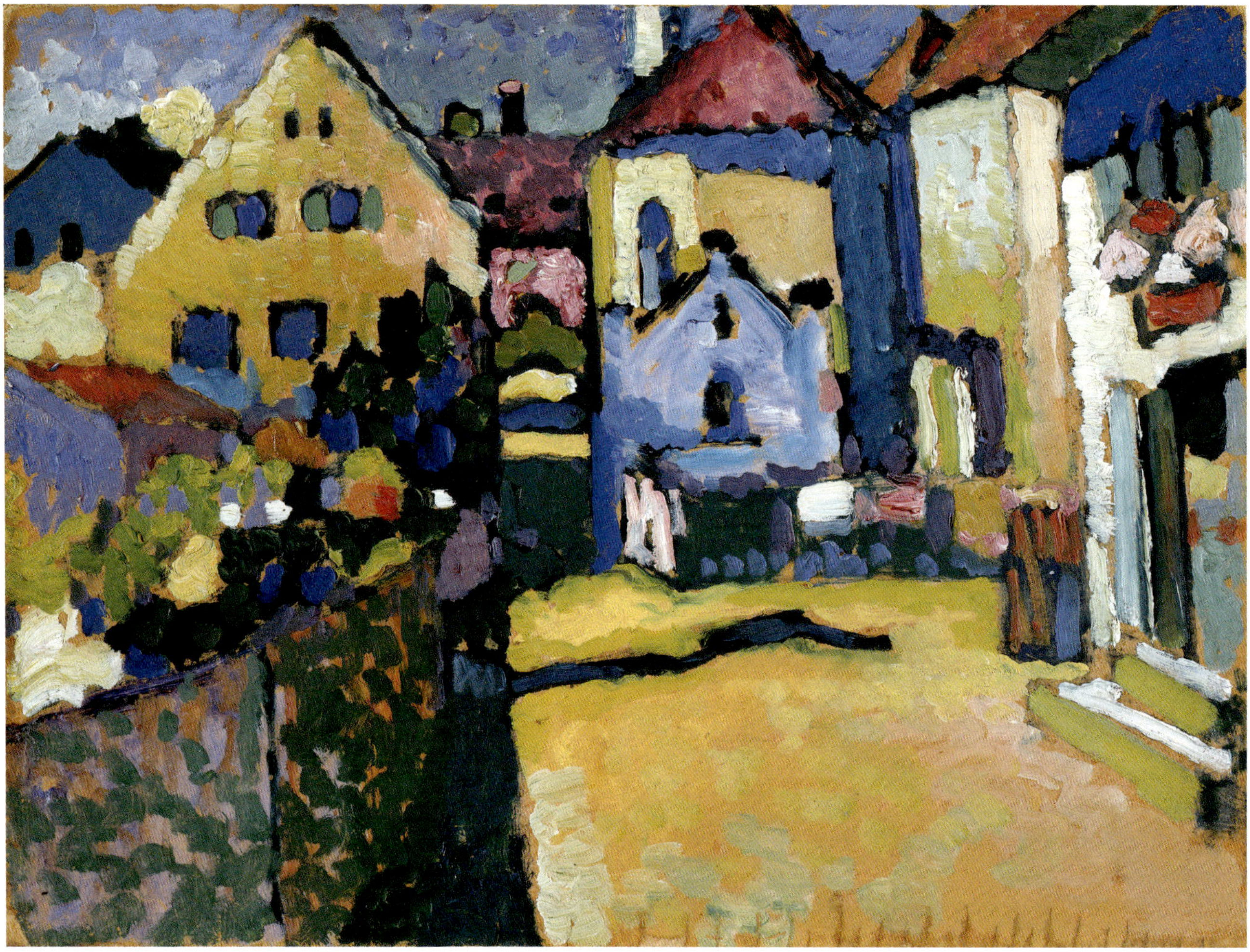

Grüngasse in Murnau, 1909
Öl auf Karton, 33 x 44,6 cm
München, Städtische Galerie
im Lenbachhaus

die Auferstehung genauso berühren wie die kämpferische Auseinandersetzung und die „kleinen Freuden“ des Alltags, Themen, die in verwandelter Form auch noch später in seinen Bildern anzutreffen sind.

Die freie Verteilung der Figuren im Bild, ihre Staffelung zu einer gleichmäßigen Flächentextur wie auch die schwebenden, von der Gegenstandsbezeichnung weitgehend sich lösenden Farbstriche weisen auf einen hohen Grad an Abstraktionswillen hin. Man bemerkt die Anstrengung, die Kandinsky in diesen und ähnlichen „russischen Szenen“ unternimmt, das Typische, Wesentliche nicht nur motivisch herauszuarbeiten, sondern auch mittels selbstständig eingesetzter Farben und Formen zu unterstreichen. Trotz anhaltender, intensiver Ausstellungstätigkeit in der „Phalanx“-Vereinigung gelang es Kandinsky jedoch nicht, das nötige Interesse für seine Sache zu wecken. In den zwölf Ausstellungen bis zur Auflösung der „Phalanx“ Ende 1904 wurden von Kandinsky bekannte wie auch unbekannte Künstler des Jugendstils, Symbolismus und Spätimpressionismus ausgestellt. Besonders zu erwähnen sind die Ausstellungen des finnischen Symbolisten Akseli Gallén-Kallela, der aus der finnischen Sagenwelt dekorative Bilder schöpfte, sowie die des Malers und Kunsthandwerkers Carl Strathmann, dessen ornamental-expressive Bildsprache eine weitere Annäherung an einen völlig abstrakten Bildentwurf zeigte, wie er Kandinsky vorschwebte. Weitere Höhepunkte waren die Ausstellungen impressionistischer und spätimpressionistischer Meister, etwa Claude Monet in der siebten Ausstellung 1903 und schließlich in der zehnten 1904 Arbeiten von Paul Signac, Theo van Rysselberghe, Félix Vallotton, Henri de Toulouse-Lautrec und anderen französischen Malern der Zeitwende. Außer Lob und Dank aus dem Kreis einiger befreundeter Kollegen, darunter allerdings so wichtige Persönlichkeiten wie Peter Behrens, Mitglied der „Darmstädter Künstlerkolonie", handelte sich Kandinsky mit diesen Ausstellungen nur Schelte oder feindseliges Schweigen ein.

Als sich auch die der „Phalanx" angeschlossene Malschule als unergiebig erwies, beschloss Kandinsky als Präsident die Schließung der Vereinigung. Ein Angebot von Behrens, als Lehrer an die neu gegründete Kunstgewerbeschule in Düsseldorf zu kommen, schlug er aus. Die Enttäuschungen in der Münchner Kunstszene, die ihm bisher nur Widerstand und Spott entgegengebracht hatte, suchte er in der verstärkten Beschäftigung mit seinen Holzschnitten zu verarbeiten. In diesem Medium hatte er die stärkste Bestätigung seiner künstlerischen Absichten gespürt und war am engsten mit den Strömungen des Jugendstils und Symbolismus in Berührung gekommen, zweier Stilrichtungen, die ihm Möglichkeiten des freien, lyrischen Einsatzes der bildnerischen Mittel zeigten. Vier Freundschaften waren aus den Trümmern der „Phalanx" hervorgegangen; die eine betraf Alfred Kubin, den Kandinsky in der neunten Ausstellung im Jahre 1904 präsentiert hatte. Kubins dämonische Bilderwelt wie auch seine virtuose Zeichenkunst faszinierten Kandinsky; zudem lernte er durch ihn die symbolistischen Dichter Stefan George und Karl Wolfskehl kennen, mit denen ihn bald eine tiefe Freundschaft verband. Vielleicht spürte Kandinsky in den elitären geheimnisvollen Dichtungen dieses Kreises eine verwandte Bestrebung, den Versuch einer Neuordnung der Kunst auf der Grundlage völlig neuer Prämissen, die er für die Malerei noch aufzustellen hatte. Eine andere enge Beziehung verband ihn mit seiner ehemaligen Malschülerin aus der „Phalanx"-Zeit, der Malerin Gabriele Münter, mit der er nach der Trennung von seiner Frau zusammenlebte und -arbeitete. In beiderseitigem Einvernehmen hatten sich Kandinsky und seine Frau in München getrennt, zu verschieden waren Anlagen und Zielrichtung, doch blieben sie einander über Jahre freundschaftlich verbunden. In Gabriele

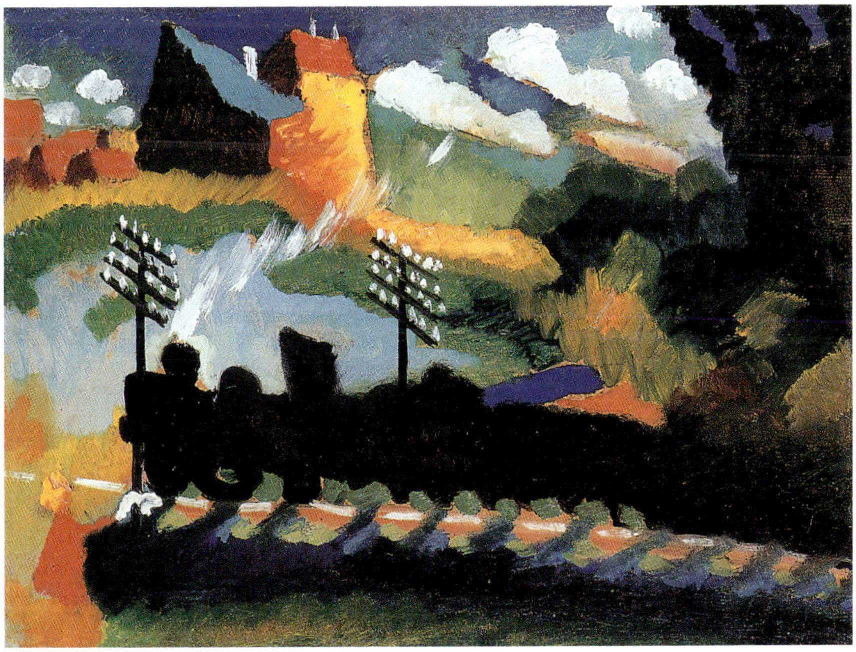

Murnau-Aussicht mit Eisenbahn und Schloss, 1909
Öl auf Karton, 36 x 49 cm
München, Städtische Galerie im Lenbachhaus

„Die deutschen Märchen, die ich als Kind oft hörte, wurden lebendig. Die jetzt verschwundenen hohen, schmalen Dächer am Promenadenplatz und am Maximiliansplatz, das alte Schwabing, und ganz besonders die Au, die ich einmal zufällig entdeckte, verwandelten diese Märchen in Wirklichkeit. Die blaue Trambahn zog durch die Straßen wie verkörperte Märchenluft, die das Atmen leicht und freudig machte. Die gelben Briefkästen sangen von den Ecken ihr kanarienvogellautes Lied. Ich begrüßte die Aufschrift Kunstmühle' und fühlte mich in einer Kunststadt, was für mich dasselbe war wie Märchenstadt. Aus diesen Eindrücken stammen die mittelalterlichen Bilder, die ich später machte."

WASSILY KANDINSKY

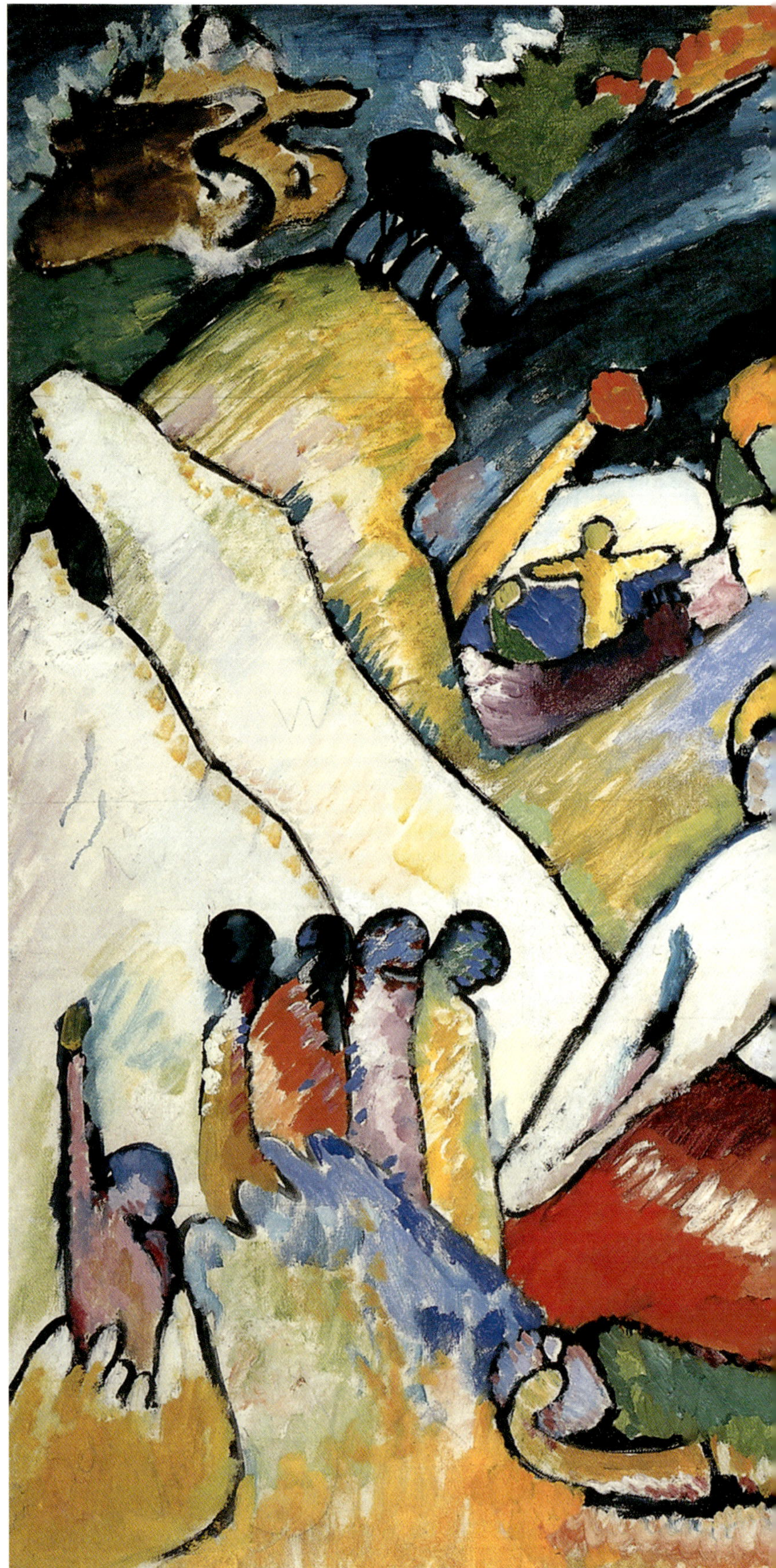

Studie zu „Komposition II", 1910
Öl auf Leinwand, 97,5 x 130,5 cm
New York, The Solomon R. Guggenheim Museum

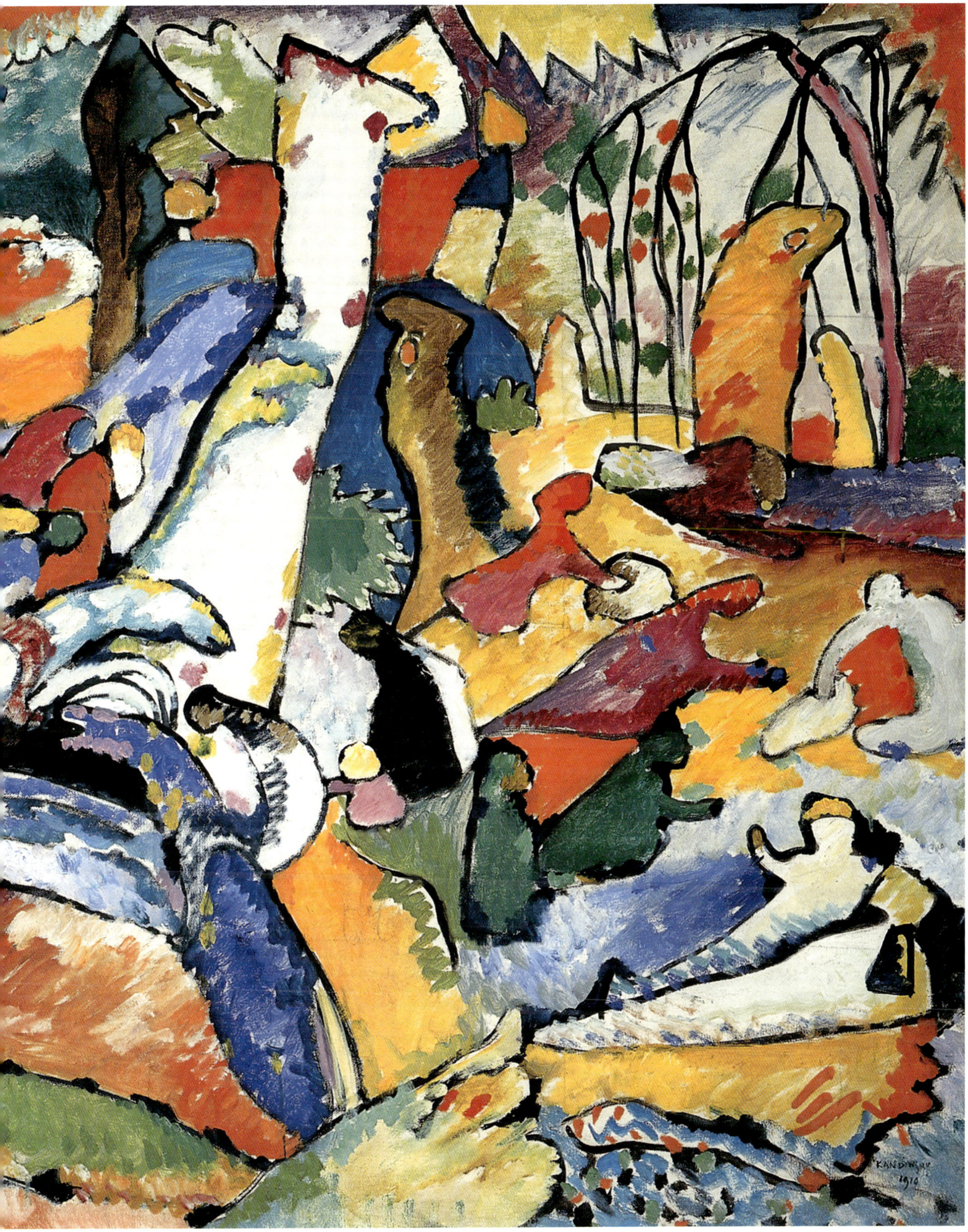
KANDINSKY
1910

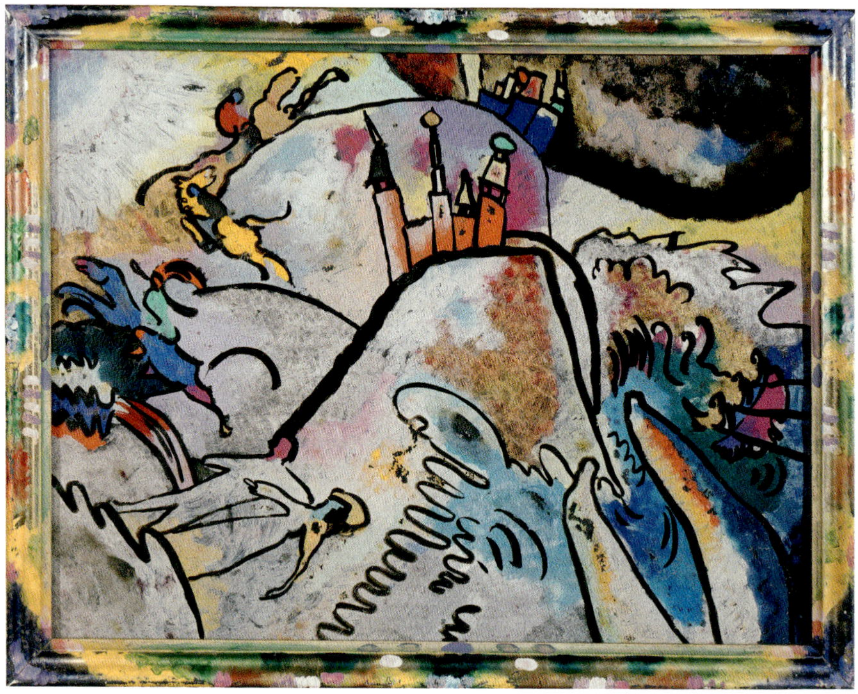

Glasbild mit Sonne, 1910
Hinterglasbild, 30,6 x 40,3 cm
München, Städtische Galerie
im Lenbachhaus

Münter fand er eine sensible, wenn auch schwierige Partnerin, die ihn von nun an in den entscheidenden Jahren des Durchbruchs mit Zustimmung und Kritik begleitete.

Zunächst gingen sie auf zahlreiche Reisen, die sie fast fluchtartig durch Europa und zurück nach Russland führten. Fassbar wird nur das Jahr in Sèvres bei Paris zwischen Juni 1906 und Juni 1907, in dem Kandinsky an Holzschnitten arbeitete, die 1909 als Mappe unter dem Titel *Xylographien* in Paris herausgegeben wurden. Außerdem stellte Kandinsky in den avantgardistischen Pariser Salons aus, dem „Herbstsalon" und dem „Salon der unabhängigen Künstler", wo er die Bekanntschaft mit wichtigen neuen Künstlern der fauvistischen und beginnenden kubistischen Richtung machte. Im Frühjahr 1908 kehrten Kandinsky und Münter nach Bayern zurück; nach den Jahren unsteter Aufenthalte in den europäischen und russischen Metropolen fand Kandinsky in Murnau, einem kleinen Ort in den Voralpen, seine Ruhe und Beharrlichkeit wieder. Dorthin kehrten die beiden Künstler immer wieder aus München, wo sie sich endgültig niederließen, zum Malen zurück. 1909 erwarben sie in Murnau ein Haus, dessen Inneneinrichtung Kandinsky teilweise dekorativ ausmalte. Er hatte wieder Tritt gefasst, die Landschaft inspirierte ihn zu neuen bildnerischen Versuchen, in denen er die Manier des Holzschnittes nun auf seine Landschaftsstudien in Öl zu übertragen suchte. Das Bild *Murnau-Aussicht mit Eisenbahn und Schloss* (Abb. S. 21) zeigt in seiner kompositorischen Anlage viele Merkmale des Holzdrucks, vor allem in der silhouettenartigen Flächigkeit der Formen. Zum neuen Gestaltungsmittel wurden nun auch die kräftigen, pastos aufgetragenen Farben, die mit dem Schwarz der Eisenbahn scharf kontrastieren. Auch in anderen Bildern, wie *Grüngasse in Murnau* (Abb. S. 20) oder etwa *Friedhof und Pfarrhaus in Kochel* (Abb. S. 16), ist der neue Stilwille zu bemerken, der sicher auch von den in Paris gesehenen Vorbildern der Fauves und Nabis gespeist wurde.

Kandinskys Bilder dieser Murnauer Phase bauen sich meist aus großen, massiven Blöcken von leuchtenden reinen Farben auf, die sich in starken Hell-

Dunkel- und Kalt-Warm-Kontrasten gegenüberstehen. Innerhalb dieser Blöcke wird die Farbe meist in dichter Tupfenfolge aufgetragen, nur gelegentlich treten diese Farbtupfen auseinander, um den andersfarbigen Grund freizugeben. Oft wechseln auch gleichmäßiger angelegte Flächen mit Zusammenballungen verschiedenfarbiger Tupfen und Kleckse ab, was den Bildern eine unruhige, flackernde und grelle Farbigkeit verleiht. Kandinsky treibt seine Farben in extreme Tonbereiche und Gegenüberstellungen. Das gegenständliche Thema verschwindet fast unter der aufblühenden Farbenflut. Wenn es auch in einigen Bildern, wie zum Beispiel *Interieur (Mein Esszimmer)* (Abb. S. 25), Berührungen mit den fauvistischen Bildern von Matisse gibt, so erreicht Kandinsky jedoch überwiegend eine farbliche und formale Eigenständigkeit.

Von den märchenhaften Themen der Temperabilder nimmt Kandinsky ganz Abstand, lediglich Anklänge finden sich in einigen mitunter rätselhaften Bildern dieser Zeit. Zu ihnen gehört *Bild mit Bogenschützen* (Abb. S. 31). Reitende, ritterliche Figuren finden sich in einigen Werken der Frühzeit, etwa in dem Bild *Der Blaue Reiter,* und vor allem in den Holzschnitten. Aus dem Märchenmotiv wird nun aber in Kandinskys Ikonografie immer mehr ein Symbol des Kämpfens und Vordringens, ganz im Sinne des ursprünglichen Begriffs der Avantgarde, der, aus der Militärsprache kommend, „Vorhut" bedeutet. Pferd und Reiter erhalten in

Interieur (Mein Esszimmer), 1909
Öl auf Karton, 50 x 65 cm
München, Städtische Galerie
im Lenbachhaus

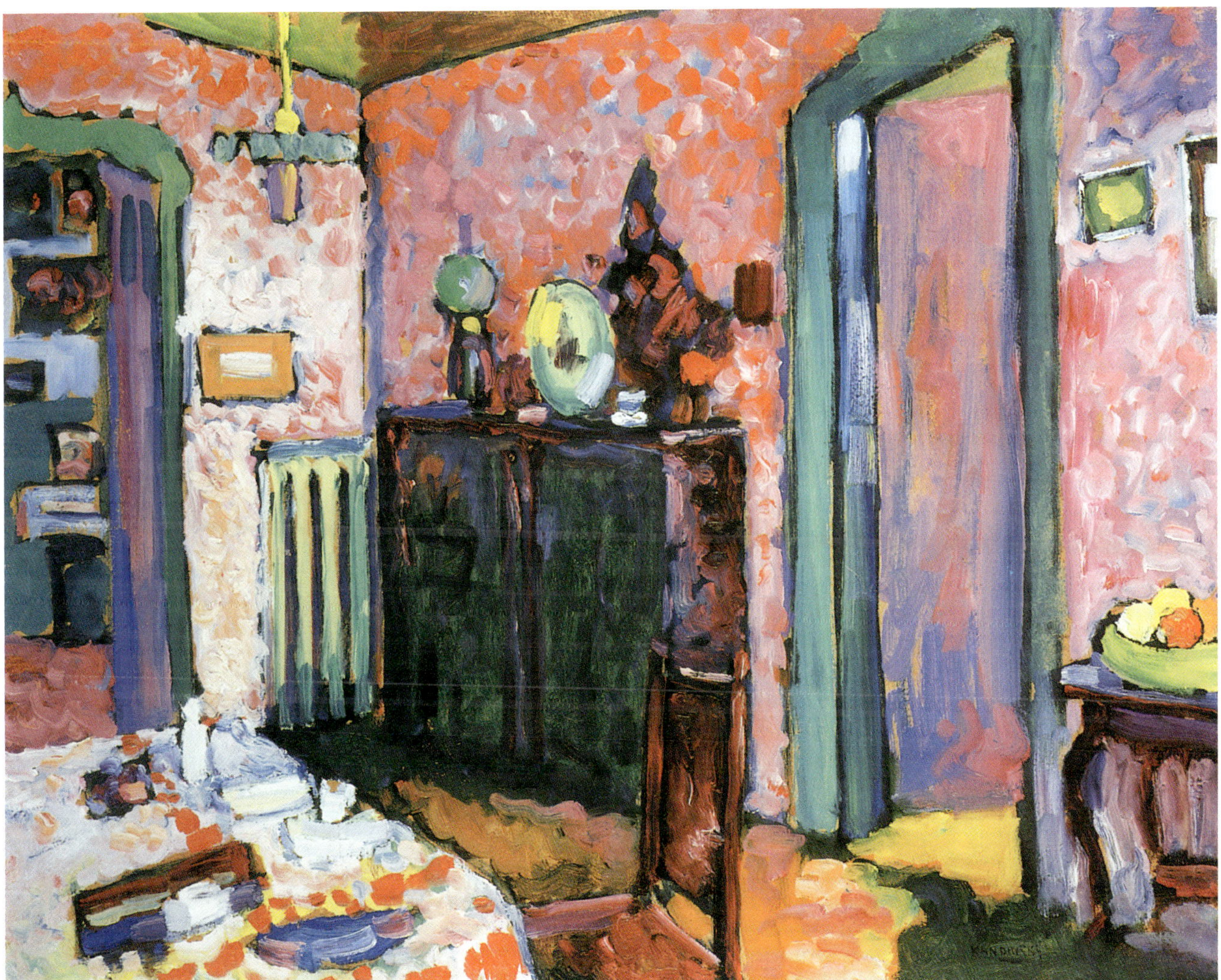

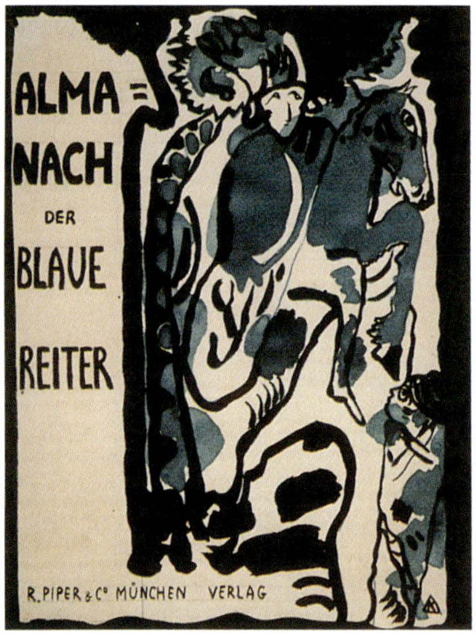

Endgültiger Entwurf für den Umschlag des Almanachs ***Der Blaue Reiter,*** 1911
Tuschpinsel und Aquarell über Pause und Bleistift, 27,9 x 21,9 cm
München, Städtische Galerie im Lenbachhaus

Improvisation 6 (Afrikanisches), 1909
Öl auf Leinwand, 107 x 99,5 cm
München, Städtische Galerie im Lenbachhaus

Lyrisches (Abb. S. 32) sogar monumentale Proportionen, hinter denen die Landschaft zurückbleibt. Die letzte Wandlung erfährt der Märchenritter im Sinnbild des Heiligen Georg, des Drachentöters, der auf vielen Gemälden, Aquarellen, Holzschnitten, Skizzen und Hinterglasbildern erscheint. Schließlich schmückt der kämpfende Ritter den Umschlag des Almanachs *Der Blaue Reiter* (Abb. S. 26).

Für Kandinsky begann nun wieder eine Zeit des Kampfes und Ringens um Anerkennung. Seine neu gewonnene Selbstsicherheit floss in viele Projekte und Vorhaben ein; er begann an dem Manuskript über seine Kunstauffassung zu arbeiten, stellte seine Skizzen zu Farbopern zusammen und schrieb wieder Kunstkritiken für russische Zeitschriften. Aus den anregenden Gesprächen im Salon der Werefkin in der Giselastraße ging im Januar 1909 die Gründung der „Neuen Künstlervereinigung München" (NKVM) hervor, mit der sich Kandinsky in der Münchner Kunstszene als treibende Kraft zurückmeldete. Außer seinen Freunden Münter, Jawlensky, Werefkin und Kubin gehörten der Vereinigung noch Adolf Erbslöh, Alexander Kanoldt, Paul Baum, Wladimir von Bechtejeff, Erma Bossi, Karl Hofer, Moissey Kogan und der Tänzer Alexander Sacharoff an sowie die Kunsthistoriker Heinrich Schnabel und Oskar Wittenstein.

Die Lektüre von Wilhelm Worringers Dissertation „Abstraktion und Einfühlung" (1907) hatte Kandinsky noch einmal in seiner Annahme bestärkt, dass in der Kunst ein gegenständliches Motiv nicht nötig sei. Überall sah und sammelte er nun Indizien für diese neue Kunstauffassung; er ließ sich von den bayerischen Hinterglasmalereien und volkstümlichen Votivbildern anregen und schuf selbst einige Hinterglasbilder (Abb. S. 24) in freien, expressiven Formen, die den Gegenstand eher verdrängen als betonen. Eine Zeit lang ging er auch okkulten Theorien nach und beschäftigte sich eingehend mit den Schriften Rudolf Steiners und Helena Petrovna Blavatskys, der Gründerin der Theosophischen Gesellschaft. Besonders interessierte er sich für die zeitgenössische Musik und Theaterkunst. Nach einem Schönberg-Konzert begann er einen ausführlichen Briefwechsel mit dem Erfinder der Zwölftonmusik über die Zusammenhänge zwischen Musik und Malerei. Im „Münchner Künstlertheater" fand er wiederum Anregungen für seine eigenen Farbopern *Der Gelbe Klang* und *Violetter Vorhang.*

Trotz dieser intensiven Auseinandersetzung mit den geistigen Strömungen zu Beginn des 20. Jahrhunderts hatte Kandinsky noch Zeit für die Organisation der Ausstellungen in der NKVM. Erst die zweite im Herbst 1910 brachte allerdings die internationale Zusammenstellung wichtiger moderner Künstler wie Georges Braque, David und Wladimir Burljuk, André Derain, Kees van Dongen, Henri Le Fauconnier, Pablo Picasso, Georges Rouault und Maurice de Vlaminck.

Fast gegen den Willen der schläfrigen, konservativen Münchner Kunstpolitik war die Stadt zum Zentrum avantgardistischer Kunst geworden. Kandinsky selbst zeigte in dieser Ausstellung vier Gemälde und sechs Holzschnitte. Die im Zweiten Weltkrieg verloren gegangene *Komposition II* war das größte und wichtigste Bild, das Kandinsky bisher gemalt hatte. Es zeigte die Befreiung von der Perspektive und die Verwendung freier Farben und Linien in kontrapunktischer Anordnung. Noch wagte Kandinsky nicht den Sprung ins Ungegenständliche. In der *Studie zu „Komposition II"* (Abb. S. 22–23) lassen sich durchaus noch Figurengruppen, Landschaftliches, Häuser und wieder der Reiter mit Pferd ausmachen. Doch befindet sich alles in einem Zustand der Auflösung und einer ungleichgewichtigen Dynamik, vielleicht ein Spiegelbild von Kandinskys eigenem seelischen Zustand kurz vor dem „Sprung". Entsprechend heftig war die Reaktion der Münchner Kunstkritik, die einhellig in der Beurteilung übereinstimmte, dieses Bild sei das Werk eines Wahnsinnigen oder „Morphium-

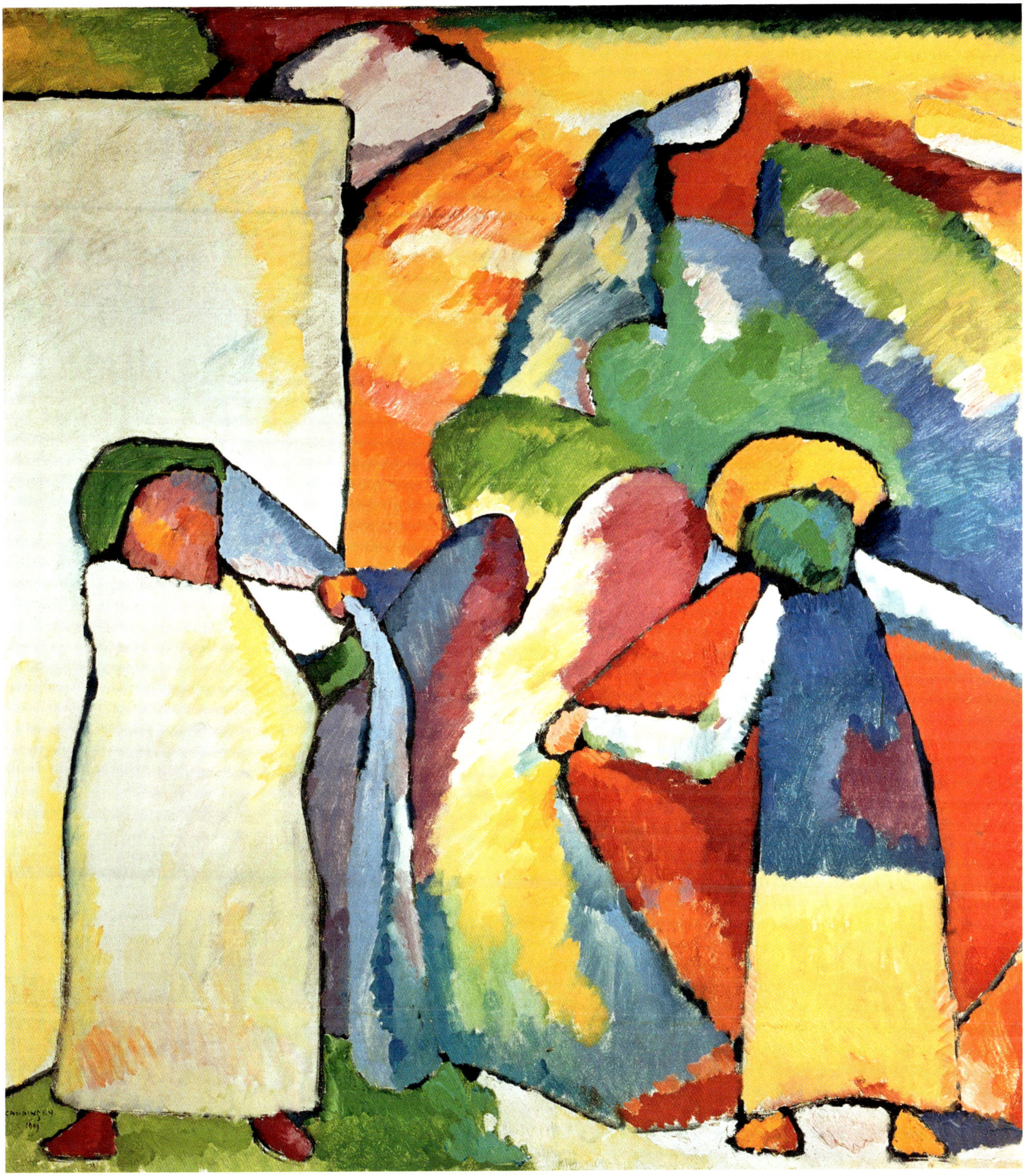

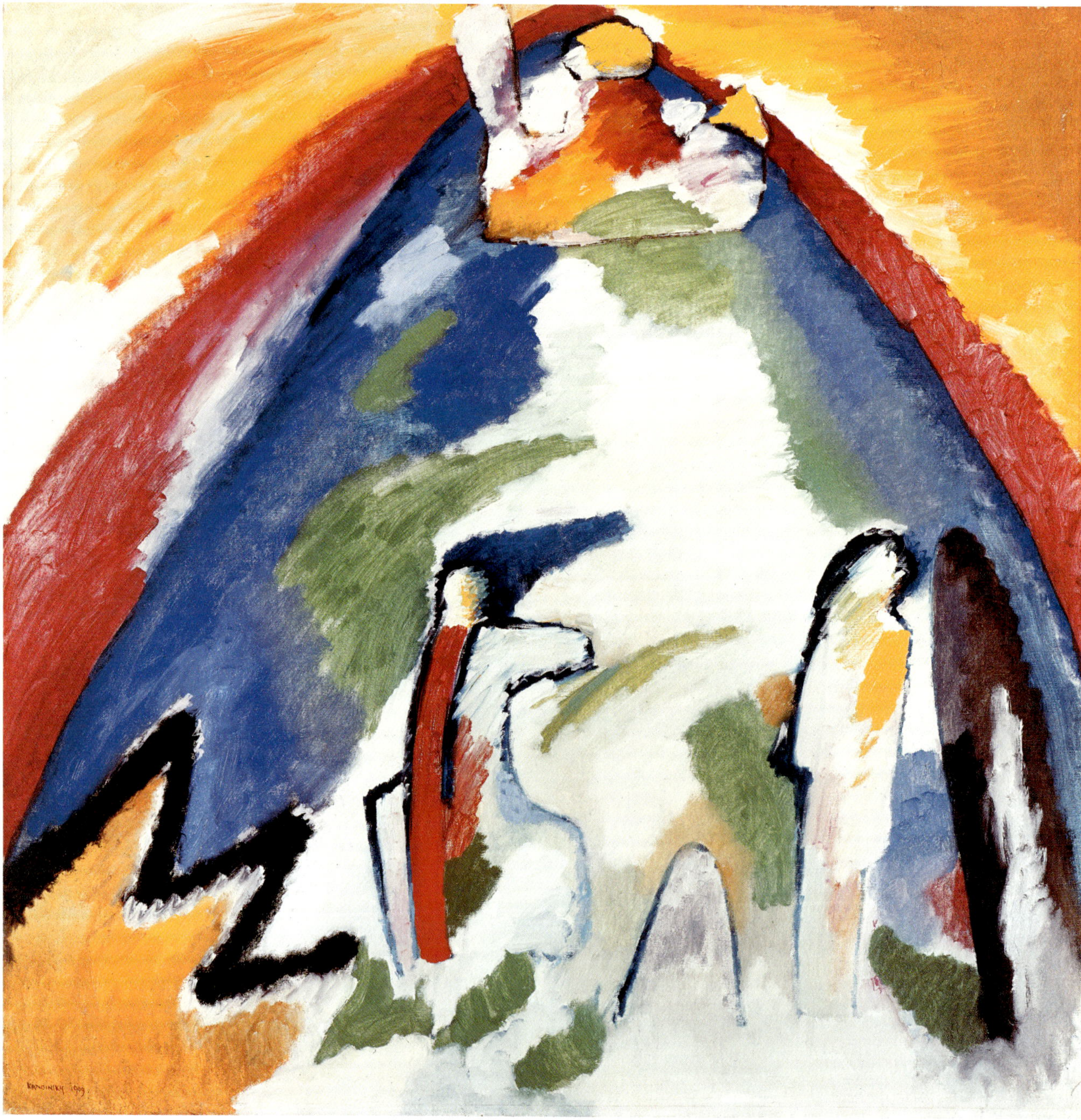

Berg, 1909
Öl auf Leinwand, 109 x 109 cm
München, Städtische Galerie
im Lenbachhaus

oder Haschischtrunkenen". Nur zwei Stimmen erhoben sich zugunsten der geschmähten Ausstellung, die von Hugo von Tschudi, des engagierten Direktors der Bayerischen Staatsgemäldesammlungen und die von Franz Marc, eines noch unbekannten Münchner Malers, der in seinen Tierbildern ebenfalls nach dem Wesen hinter den Erscheinungen suchte und bald auf eine farbig-abstrahierende Malerei zugehen sollte.

Daraus ergab sich ein enger Kontakt zur NKVM, die Marc als Mitglied aufnahm und zum dritten Vorsitzenden wählte, sowie vor allem eine tiefe Freundschaft zu Kandinsky, den Marc Anfang 1911 im Murnauer Domizil besuchte. Marc schrieb: „Am nächsten Morgen wanderte ich zu Kandinsky! Die Stunden bei ihm gehören zu meinen denkwürdigsten Erfahrungen. Er zeigte mir viel,

Kirche in Murnau, 1910
Öl auf Karton, 64,7 x 50,2 cm
München, Städtische Galerie
im Lenbachhaus

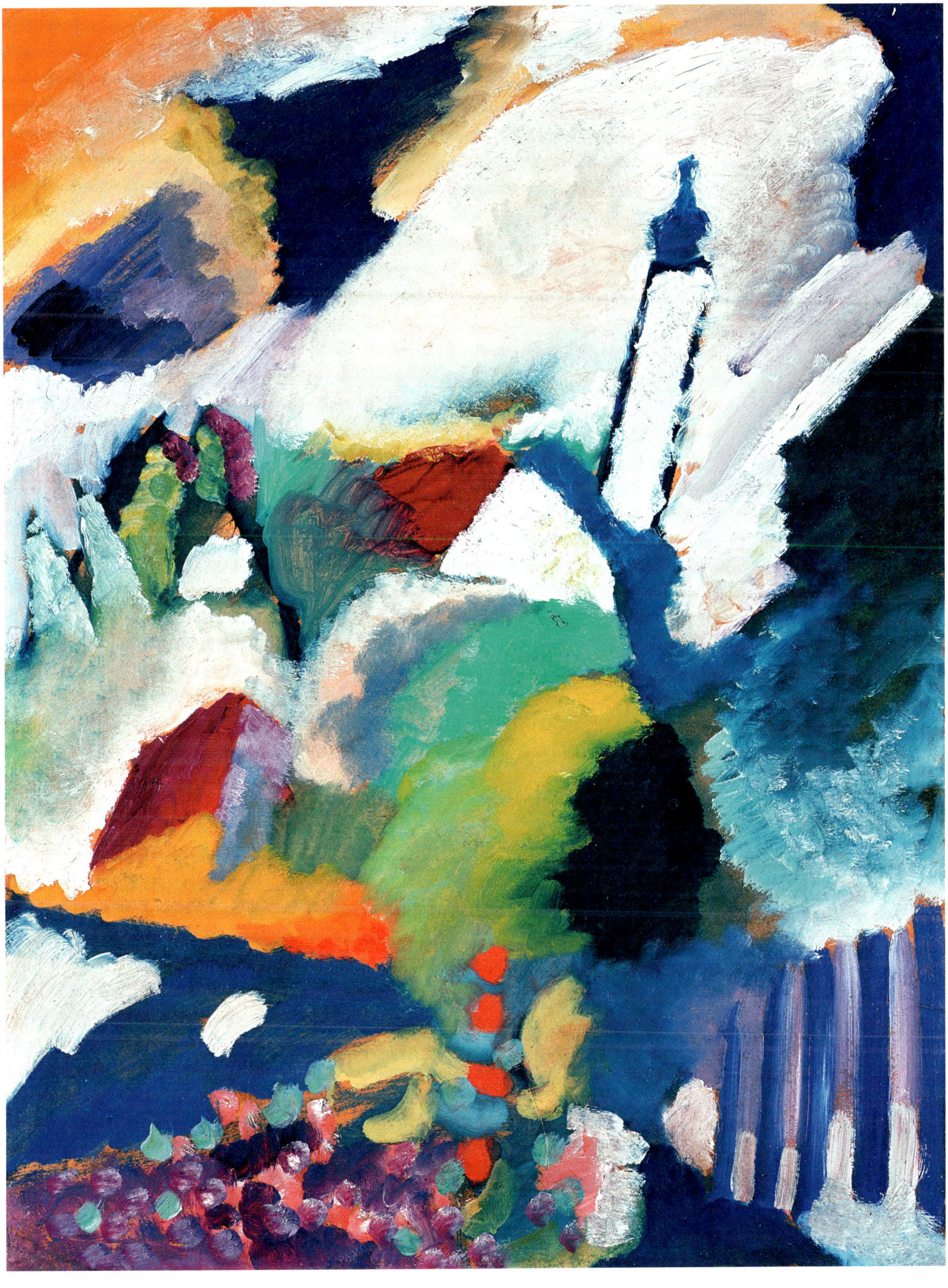

Bild mit Bogenschützen, 1909
Öl auf Leinwand, 177 x 147 cm
New York, The Museum of Modern Art, Teilschenkung von Mrs. Bertram Smith

ältere und neueste Sachen. Letztere alle ungeheuer stark; im ersten Moment fühlte ich die große Wonne seiner starken, reinen, feurigen Farben, und dann beginnt das Gehirn zu arbeiten; man kommt nicht los von diesen Bildern."

Kandinsky hatte seine Bilder von 1909 an in drei Gruppen unterteilt, in „Impressionen", die noch Bezug auf ein naturalistisches Vorbild nehmen, in „Improvisationen", die spontane Regungen wiedergeben sollen, und in „Kompositionen", die höchste und komplizierteste Stufe, die erst nach langen Vorarbeiten gelingen kann. Doch hat sich Kandinsky nicht an die strenge Reihenfolge dieser Einteilung gehalten. Auch erscheint die Zuordnung seiner Bilder zu diesen Gruppen oft willkürlich. Zumindest hat er mit den Titeln „Improvisation" und „Komposition" einmal mehr auf die Musik angespielt. In Analogie zu ihr sah er seine Farben und Formen „erklingen" und „vibrieren".

In dem Bild *Improvisation 6 (Afrikanisches)* (Abb. S. 27) wird das in zwei „afrikanischen" Figuren angedeutete Bildgeschehen fast ganz von den Farben übernommen, die in hellen bis glutvollen Kontrasten das Bild durchlaufen. Auch wenn in anderen Bildern noch gegenständliche Titel auftauchen, etwa *Berg* (Abb. S. 28) oder *Kirche in Murnau* (Abb. S. 29), stehen alle Bilder aus diesem Zeitraum in einem inneren Zusammenhang, nämlich der schrittweisen und vorsichtigen Eroberung einer autonomen Farb- und Formsprache. Wie weit sich Kandinsky dabei schon vorgewagt hatte, macht vielleicht am besten

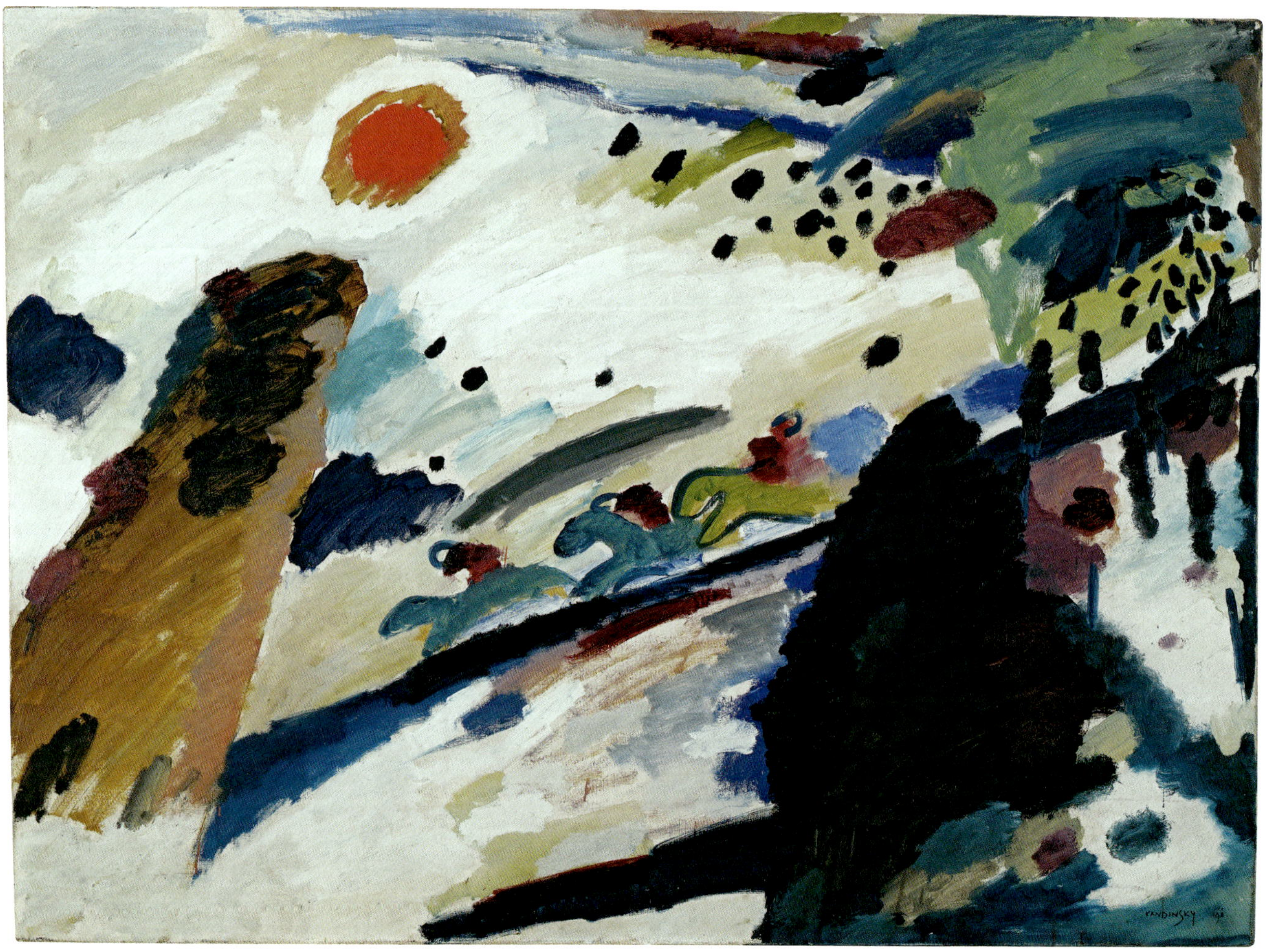

Romantische Landschaft, 1911
Öl auf Leinwand, 94,3 x 129 cm
München, Städtische Galerie im Lenbachhaus

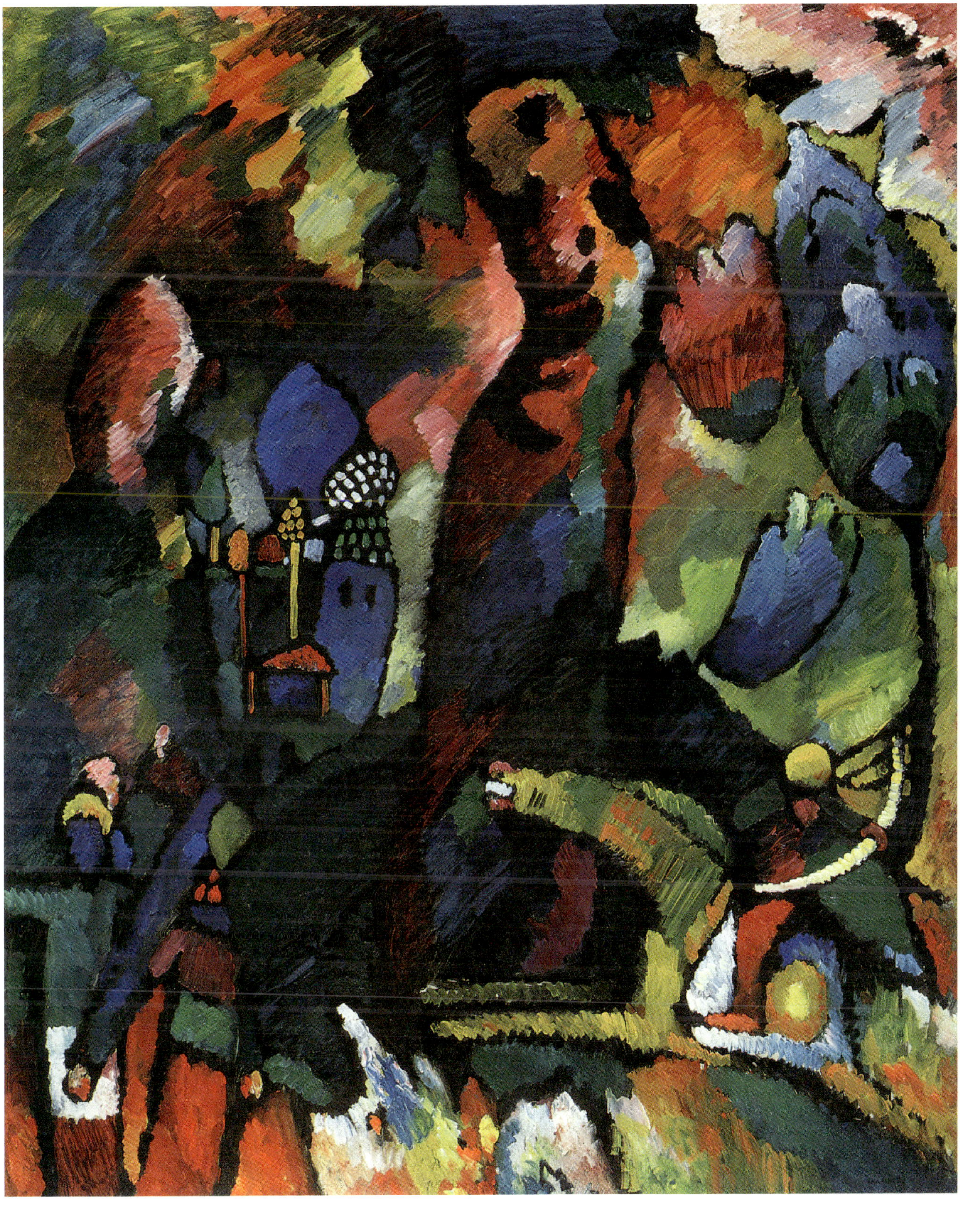

die *Improvisation 19* (Abb. S. 33) deutlich. Den größten Teil des Bildes nehmen Farbmodulationen in Blau ein, die vom hellsten Weißblau über rötlich changierende Töne bis hin zu dunklem Ultramarinblau reichen. Eingerahmt ist dieses vibrierende Farbenfeld von figurenartigen Gebilden in schwarzen Strichen, links von kräftigen warmen Farben unterlegt, nach rechts bis fast zum Bildrand aufragend und über den blauen Grund gesetzt. Deuten die schwarzen Umrisslinien noch Figürliches an, so fehlt doch ganz und gar der Zusammenhang zwischen den beiden Figurengruppen sowie der gegenständlich lesbare Inhalt des übrigen Bildes. Vielleicht hat Kandinsky hier seine Inspiration aus den Aufführungen des „Münchner Künstlertheaters" erhalten, das seine symbolistischen Stücke auf einer flachen Bildbühne zeigte. Noch 1914 schlug Hugo Ball die Aufführung von Kandinskys Bühnenkomposition *Der Gelbe Klang* in diesem Theater vor, die aber nicht mehr zustande kam. Einige Szenen aus dieser Farbenoper erinnern durchaus an die Farb-Gestalten der *Improvisation 19*.

Kandinskys Kollegen aus der NKVM standen dieser Entwicklung völlig fremd gegenüber. Zudem häufte sich die Kritik an diesen Bildern. Als sogar Ausstellungen deswegen abgesagt wurden, kam es zu Spannungen innerhalb der Gruppe, die zu Kandinskys Rücktritt als Vorsitzender führten. Nun übernahmen die einem gemäßigten Kubismus zugeneigten Maler Erbslöh und Kanoldt das Ruder. Marc und Kandinsky sahen den bevorstehenden Bruch voraus und schmiedeten bereits im Sommer 1911 Pläne für eine neue künstlerische Manifestation, die als Buchveröffentlichung den Titel „Der Blaue Reiter" tragen sollte. Die Situation zwischen den konservativen und den progressiven Künstlerkreisen spitzte sich noch durch das Pamphlet des Worpsweder Malers Carl Vinnen zu, der in einem „Protest deutscher Künstler" das allgemeine Unbehagen der konservativen Künstlerschaft gegenüber dem Einfluss ausländischer (also französischer und russischer) Kunst zum Ausdruck brachte. Auf Betreiben von Franz Marc wurde sofort eine Antwort im Piper Verlag publiziert, die außer den Stellungnahmen von Marc und Kandinsky Beiträge anderer Künstler, Schriftsteller und Museumsdirektoren enthielt. Auch dieses Engagement Kandinskys betrachteten die Kollegen der NKVM mit wachsendem Misstrauen.

Lyrisches, 1911
Öl auf Leinwand, 94 x 130 cm
Rotterdam, Museum Boijmans Van Beuningen

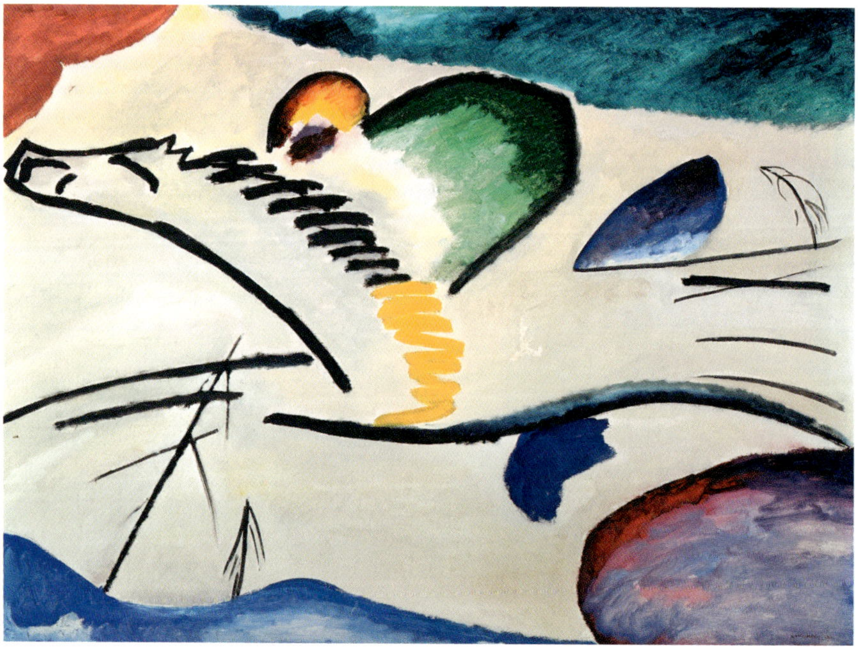

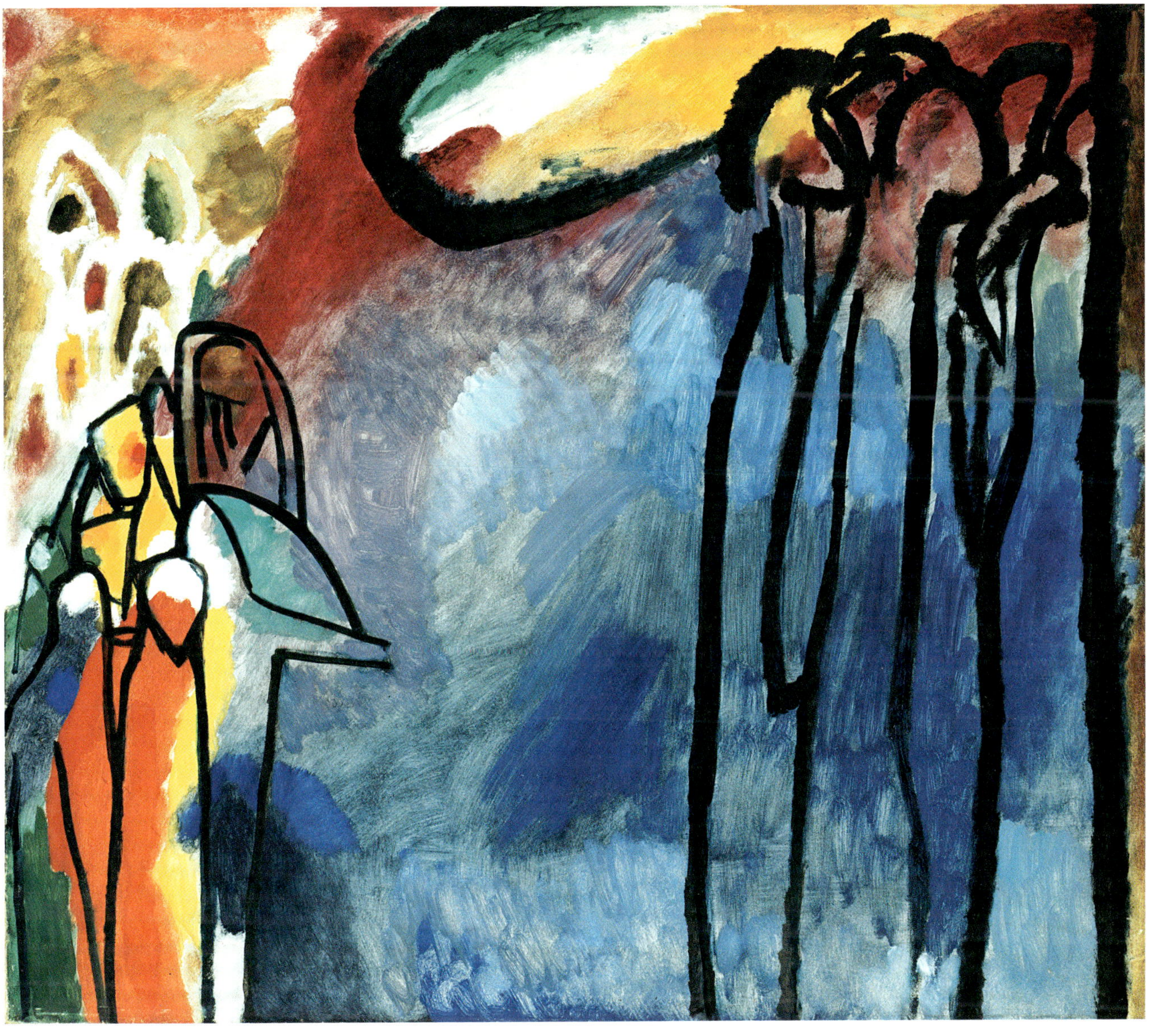

Improvisation 19, 1911
Öl auf Leinwand, 120 x 141,5 cm
München, Städtische Galerie
im Lenbachhaus

In der Jury zur dritten Ausstellung der NKVM Dezember 1911 kam es zum endgültigen Eklat, als Kandinskys *Komposition V* mit der Begründung abgelehnt wurde, das Bild entspräche der Größe nach nicht den Vereinssatzungen. Unter Protest traten Marc und Kandinsky sofort aus der NKVM aus, gefolgt von Münter und Kubin. Damit war die Schlagkraft und Innovation der Gruppe gebrochen, woran auch eine Buchveröffentlichung mit dem Titel „Das neue Bild" nichts mehr ändern konnte. Auch die Malerin und alte Weggefährtin Marianne von Werefkin äußerte sich mit Empörung über das Unverständnis der Gruppe gegenüber Kandinskys Zielen. Zusammen mit Jawlensky trat sie 1912 ebenfalls aus der Gruppe aus, was zugleich deren Ende bedeutete.

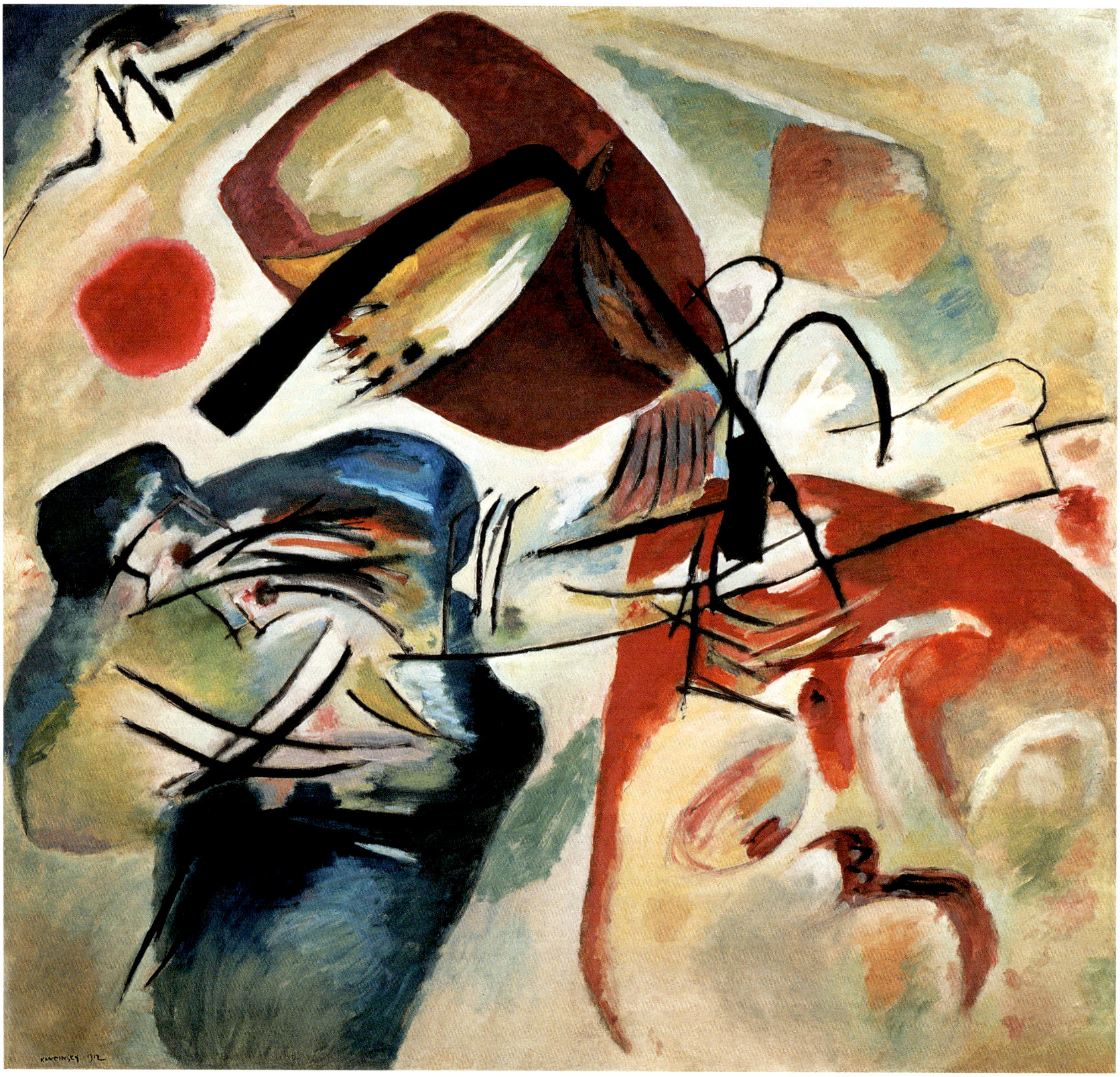

Durchbruch zur Abstraktion: „Der Blaue Reiter“

1911–1914

Nur einen Raum weiter, neben der dritten Ausstellung der NKVM, wurde die legendäre erste Ausstellung der Redaktion „Der Blaue Reiter“ am 18. Dezember 1911 in der Modernen Galerie Thannhauser eröffnet. Kandinsky war mit drei Werken aus allen drei Kategorien vertreten: mit *Impression – Moskau,* der *Improvisation 22* und der umstrittenen, skandalösen *Komposition V.* Zu den anderen Ausstellern gehörten Marc, Macke, Münter, Schönberg, Henri Rousseau, die Brüder David und Wladimir Burljuk, Heinrich Campendonk, Robert Delaunay, Eugen von Kahler, Elisabeth Epstein, Jean-Bloé Niestlé und Albert Bloch. Der kleine Katalog kündigte außerdem das Erscheinen des Almanachs *Der Blaue Reiter* an, an dem Kandinsky und Marc schon geraume Zeit arbeiteten.

Im Vorwort des Katalogs suchte Kandinsky den Betrachter auf die ziemlich heterogene Zusammenstellung der Ausstellung vorzubereiten: „Wir suchen in dieser kleinen Ausstellung nicht eine präzise und spezielle Form zu propagieren, sondern wir bezwecken in der Verschiedenheit der vertretenen Formen zu zeigen, wie der innere Wunsch der Künstler sich mannigfaltig gestaltet.“

Dem verblüfften Besucher der Ausstellung bot sich tatsächlich ein etwas verwirrendes Bild der „neuen Malerei“. Mit den virtuos gemalten Vogelbildern Niestlés, einem Freund von Franz Marc, konnte man sich leicht anfreunden. Was aber die daneben hängenden unirdischen Visionen des Komponisten Arnold Schönberg bedeuten sollten und welchen Zusammenhang sie zu den naiven Bildern Henri Rousseaus aufwiesen, blieb ebenso ein Rätsel wie Marcs springende *Gelbe Kuh* und erst recht Kandinskys abstrakte *Komposition.* Selbst wohlwollende Kritiker hatten Mühe, diesen Sprüngen zu folgen. Kandinsky und seinen Freunden schwebte eine „Heilung durch die Kunst“ vor, allerdings durch eine tief empfundene, neue geistige Kunst, die sie in vielen verschiedenen künstlerischen Äußerungen anklingen sahen. In Kandinskys rechtzeitig zur Ausstellung erschienenen Programmschrift „Über das Geistige in der Kunst“ versuchte er die neuen Aufgaben der Kunst darzustellen. Auf der modernen Seele laste ein materialistischer Alpdruck, eine Vorstellung, die in der Tat von vielen Denkern und Künstlern dieser Zeit geteilt wurde. Kandinsky schrieb „Über das Geistige in der Kunst“ in einer Gestimmtheit, die sowohl von der deutschen idealistischen Philosophie (Kant, Fichte und Schelling) wie auch von einer in Künstlerkreisen üblichen antipositivistischen Haltung beeinflusst worden war. Mit Rudolf Steiner und der neu gegründeten Anthroposophischen Gesellschaft verband ihn das

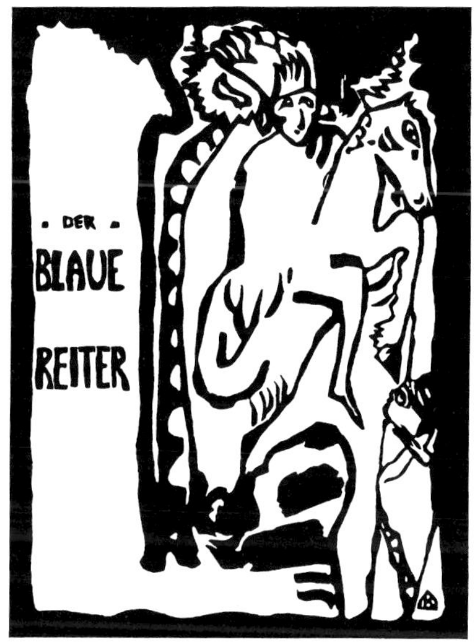

Der Blaue Reiter, 1911/1912
Titelholzschnitt des Almanachs,
Druck von der Schwarzplatte
Holzschnitt, 28 x 21,2 cm

Bild mit schwarzem Bogen, 1912
Öl auf Leinwand, 188 x 196 cm
Paris, Musée national d'art moderne,
Centre Georges Pompidou

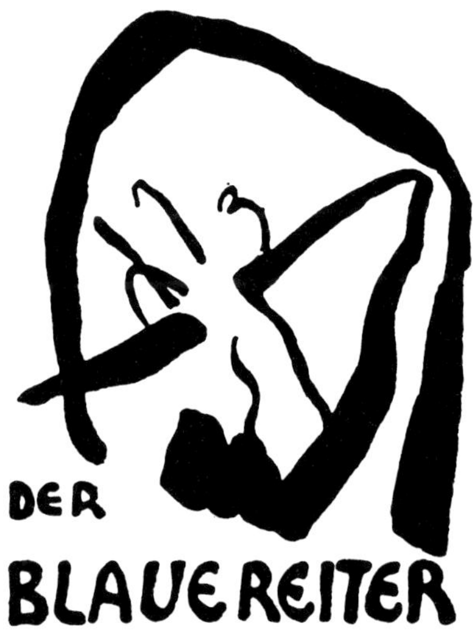

Umschlag für den Katalog der ersten Ausstellung des *Blauen Reiters* nach einer Tuschzeichnung, 1911

Gefühl der Zeitenwende und die notwendige Einsicht in eine neue geistige Besinnung des Menschen. Religiöse und okkulte Fragen interessierten Kandinsky nicht nur am Rande, sondern waren in dieser Zeit des Suchens und Fragens Haltepunkte, die auch in seine Kunsttheorie Eingang fanden. Es gibt sogar Ansätze, in Kandinskys Bildern vor dem Krieg einen direkten Niederschlag solch mystischer Konzepte wiederzufinden. Durch die Lektüre des theosophischen Klassikers „Gedankenformen" von Annie Besant und Charles Webster Leadbeater, 1908 in deutscher Sprache erschienen, soll Kandinsky zur Darstellung auratischer Lichtformen angeregt worden sein. Es ging ihm ja um Sichtbarmachung des Geistigen in abstrakten Farben und Formen. Mit Hilfe der damals häufig aufgeworfenen Spekulationen über synästhetische Zusammenhänge, wie sie vor allem in symbolistischen Künstlerkreisen üblich waren, versuchte er den inneren, geheimen Zusammenhang zwischen Farbreiz und psychisch-geistiger Wirkung auf den Betrachter zu begründen. Die theosophisch-mystischen Ideen von „Seelenvibrationen" und „feinstofflichen Schwingungen" mussten für ihn in dieser Hinsicht weniger verwegene Gedankengebäude als glaubhafte Beweise gewesen sein.

Nach Kandinsky befinden sich die Künste, nicht nur die Malerei, in einem Zustand der geistigen Erneuerung und beginnen, sich in ihren Zielen anzunähern, und zwar durch die Wendung zum Abstrakten, Elementaren, wofür er vor allem die zeitgenössische Musik von Schönberg anführt, aber auch auf Wagner, Debussy, Skrjabin, Schumann und Mussorgsky verweist. Von den zeitgenössischen Malern hebt er Matisse für die Farbe und Picasso für die Form als zukunftsweisende Künstler hervor. Zu den Wegbereitern gehört der präraffaelitische Maler Dante Gabriel Rossetti, der Deutsch-Römer Arnold Böcklin, der neoimpressionistische Maler Giovanni Segantini und Paul Cézanne, der Sucher des neuen Formgesetzes und der rein malerischen Mittel. Erst aus einer umfassenden Synthese aller Künste aber könne diese geistige Erneuerung erwachsen. Bis zu diesem epochalen Zeitpunkt müsse sich jede Kunstgattung der Untersuchung ihrer Einzelelemente widmen. Als Beispiel solchen Studiums behandelt Kandinsky in einem für seine Kunsttheorie grundlegenden Kapitel die psychologische Wirkung der Farben. Hier verwendet er seine synästhetischen Kenntnisse und Erlebnisse zur Formulierung einer neuen Harmonielehre von Farbklängen, die sich in Gegensätzen von Warm und Kalt, Hell und Dunkel in Spannung halten. Aus den neu durchdachten Mitteln der Farbe und Form soll schließlich die rein malerische Komposition entstehen, „eine Zusammenstellung farbiger und zeichnerischer Formen, die als solche selbstständig existieren, von der inneren Notwendigkeit herausgeholt werden und im dadurch entstandenen gemeinsamen Leben ein Ganzes bilden, welches Bild heißt."

Eines der frühesten und besten Beispiele für eine ausgefeilte Komposition im obigen Sinne ist *Komposition V.* Allein das Riesenformat weist auf die Bedeutung dieses Bildes für Kandinsky hin. Zwischen den vom Gegenstandsabbild ganz losgelösten Formen erscheinen rudimentäre Einsprengsel mit gegenständlichen Hinweisen, wie zum Beispiel in einer Stadt am oberen Bildrand sichtbar wird oder in dem Ruderboot mit den drei Grundfarbenfiguren. Kandinsky hat auch in den folgenden abstrakten Bildern dieser Periode ähnlich ambivalente Gebilde verwendet, die auch bei der stärksten Stilisierung immer noch genügend Hinweise auf eine private Ikonografie zulassen. Alle diese Elemente verweisen auf das Thema des „Jüngsten Gerichts", ein neben anderen ähnlichen Themen wie Apokalypse, Auferstehung, Zerstörung und Wiedergeburt in Kandinskys Werken der Vorkriegszeit immer wieder auftauchendes Motiv.

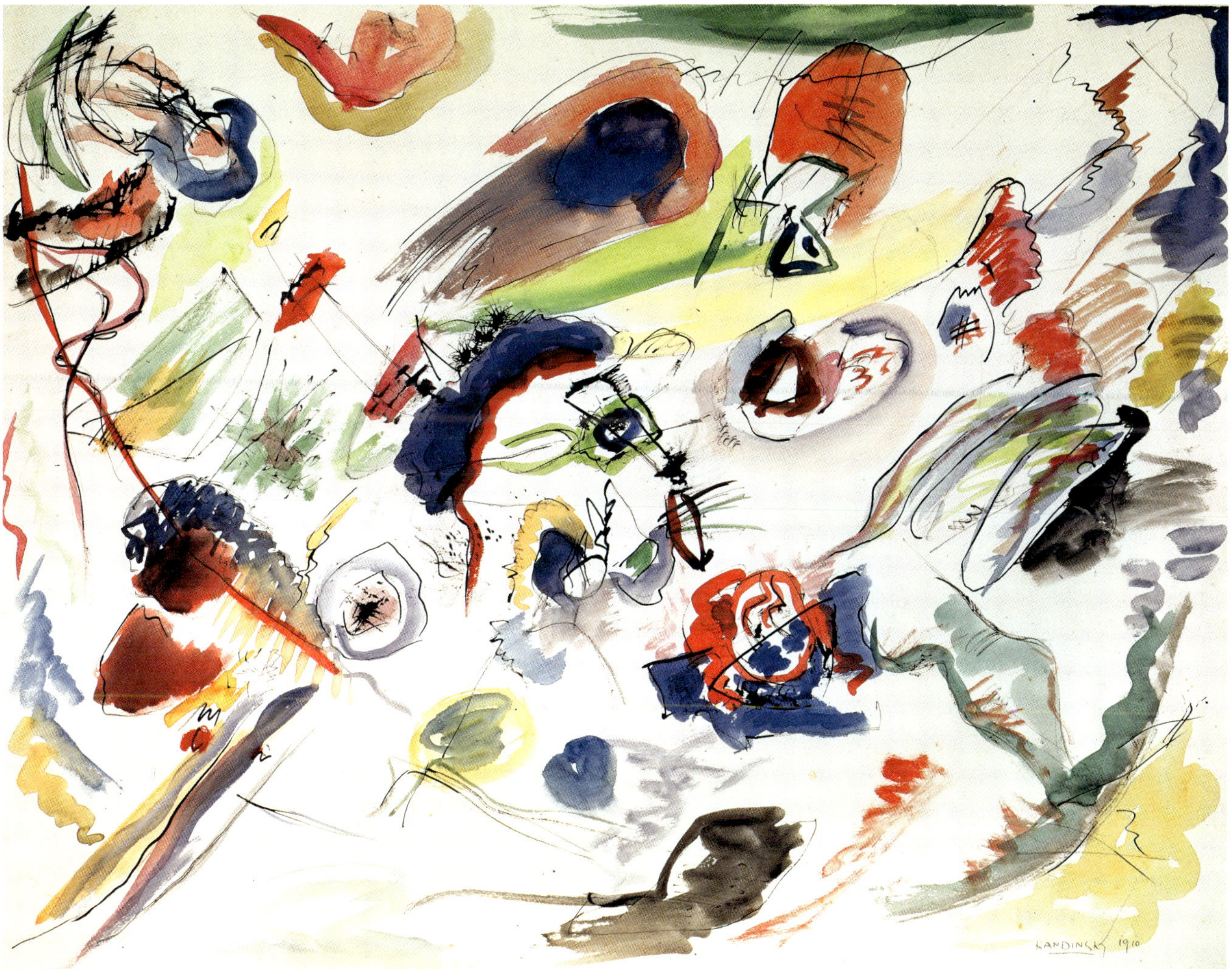

Ohne Titel (Erstes Abstraktes Aquarell), 1910 (1913)
Bleistift, Aquarell und Tusche auf Papier, 49,6 x 64,8 cm
Paris, Musée national d'art moderne, Centre Georges Pompidou

Kandinsky war sich von Anfang an der Gefahr einer nichtssagenden Verselbstständigung von Farbe und Form bewusst: „Wenn wir heute schon anfangen würden, ganz das Band, das uns mit der Natur verknüpft, zu vernichten, mit Gewalt auf die Befreiung loszusteuern und uns ausschließlich mit der Kombination von reiner Farbe und unabhängiger Form zu begnügen, so würden wir Werke schaffen, die wie eine geometrische Ornamentik aussehen, die, grob gesagt, einer Krawatte, einem Teppich gleichen würden. Die Schönheit der Farbe und der Form ist kein genügendes Ziel der Kunst."

Um dem entgegenzuwirken, versuchte Kandinsky in seiner Frühphase abstrakter Malerei neben den synästhetisch empfundenen Farbklängen auch Formen zu erfinden, die ihre Wirkung auf den Betrachter gerade dieser Rückerinnerung auf gegenständliche Vorbilder verdanken.

Ein schönes Beispiel für diese emotionale Aufladung der abstrakten Formenwelt ist *Bild mit schwarzem Bogen* (Abb. S. 34). Die dramatisch wirkende Komposition setzt sich aus drei gegeneinander drängenden Formbereichen zusammen: aus der rechten unteren Bildecke zielt eine sich nach oben zu Zinnoberrot verdichtende Form gegen das Bildzentrum. Ihr gegenüber dringt eine blaue Silhouette vor, durchsetzt von heftigen Strichlagen und gelblich-weißen bis orangeroten Einsprengseln. Über der roten und blauen Form erhebt sich eine violettrote

Scheibenform. Sind die beiden unteren Formbereiche an der Bildkante verankert, so schwebt die obere Form wie ein Gestirn frei im Bildraum, flankiert von anderen kleineren Farbformen. Als Mischfarbe aus Rot und Blau scheint das Violett die spannungsgeladenen Gegensätze in sich aufheben zu wollen.

Von den grafischen Elementen, die den Bildraum und die Farbformen durchkreuzen, fällt besonders der titelgebende schwarze Bogen ins Gewicht. Der eigentlich als Winkel wirkende Bogen verklammert nämlich alle drei Formen und unterstützt so die ausgleichende Funktion der violetten Scheibe. Andererseits lässt er sich auch als Bewegungsablauf verstehen, dessen Ursprung in der roten Form liegt und der sich nach dem leichten Knick in der violetten Form eindeutig gegen die blaue Form darunter richtet. Der schwarze Bogen erscheint als Energieausbruch, als Vorstellung eines heftigen Kampfes, wobei die rötlichen Formen einer Partei zuzuordnen sind, die blaue zurückweichende Silhouette aber zur Gegenpartei gehört.

„Mein Buch ‚Über das Geistige in der Kunst' und ebenso ‚Der Blaue Reiter' hatten hauptsächlich zum Zweck, diese unbedingt in der Zukunft nötige, unendliche Erlebnisse ermöglichende Fähigkeit des Erlebens des Geistigen in den materiellen und in den abstrakten Dingen zu wecken. Der Wunsch, diese beglückende Fähigkeit in den Menschen, die sie noch nicht hatten, hervorzurufen, war das Hauptziel der beiden Publikationen."

WASSILY KANDINSKY

Kandinsky hat in diesem Hauptwerk seiner expressionistischen Phase ein Grundthema seines Schaffens formuliert, das über die Bauhaus-Zeit bis ins Spätwerk reicht, das Thema des Kampfes und der Auseinandersetzung. In einem wichtigen Kapitel seiner Schrift „Über das Geistige in der Kunst" gibt er fast eine vorwegnehmende Beschreibung dieses Bildes und des damit verbundenen Leitmotivs: „Vielleicht neidisch, mit trauriger Sympathie können wir die Mozart'schen Werke empfangen. Sie sind uns eine willkommene Pause im Brausen unseres inneren Lebens, ein Trostbild und eine Hoffnung, aber wir hören sie doch wie Klänge aus anderer, vergangener, im Grunde uns fremder Zeit. Kämpfe der Töne, das verlorene Gleichgewicht, fallende Prinzipien, unerwartete Trommelschläge, große Fragen, scheinbar zielloses Streben, scheinbar zerrissener Drang und Sehnsucht, zerschlagene Ketten und Bänder, die mehrere zu einem machen, Gegensätze und Widersprüche – das ist unsere Harmonie."

Für Kandinsky ist die Darstellung von (malerischen) Konflikten nicht nur eines von vielen Themen, sondern *das* zentrale Thema, das seine von Widersprüchen zerrissene Zeit ihm aufgegeben hat. Nicht Farbenharmonie ist dann das Gestaltungsziel, sondern die Darstellung des aufreizenden Gegensatzes von Farbkontrasten wie in dem *Bild mit schwarzem Bogen* zwischen Rot und Blau. Farben sind ihm nicht nur bildnerische Gestaltungsmittel, sondern erhalten durch Projektionen aus allen Erfahrungs- und Erkenntnisbereichen eine umfassende Ausdruckskraft. „Das Rot, so wie man es sich denkt, als grenzenlose, charakteristisch warme Farbe, wirkt innerlich als eine sehr lebendige, lebhafte, unruhige Farbe, die aber nicht den leichtsinnigen Charakter des sich nach allen Seiten verbrauchenden Gelb besitzt, sondern trotz aller Energie und Intensität eine starke Note von beinahe zielbewusster immenser Kraft zeugt. Es ist in diesem Brausen und Glühen, hauptsächlich in sich und sehr wenig nach außen, eine sozusagen männliche Reife (…). Blau ist die typisch himmlische Farbe, (…) das Element der Ruhe. (…) Es wird eine unendliche Vertiefung in die ernsten Zustände, wo es kein Ende gibt und keines geben kann." In solchen Betrachtungen gibt Kandinsky den Farben ein erfahrungsgesättigtes, psycho-physisches Profil. Die Farben agieren nun anstelle von Figuren und Gegenständen als physiognomische Charaktere auf der Bühne des Bildes; sie werden zusätzlich durch die expressive Liniensprache aktiviert, die Kandinsky in der späteren Schrift „Punkt und Linie zu Fläche" ausführlich untersucht. Zusammen bilden Farben, Linien und frei fließende Formen eine dramatisch aufgewühlte Bildsprache, die den Antagonismus von Materie und Geist, eigentlich die gesamte eschatologische Stimmung dieser Jahre in eine abstrakte, aber unmittelbar anschauliche Ikonologie umsetzt.

Improvisation 26 (Rudern), 1912
Öl auf Leinwand, 97 x 107,5 cm
München, Städtische Galerie
im Lenbachhaus

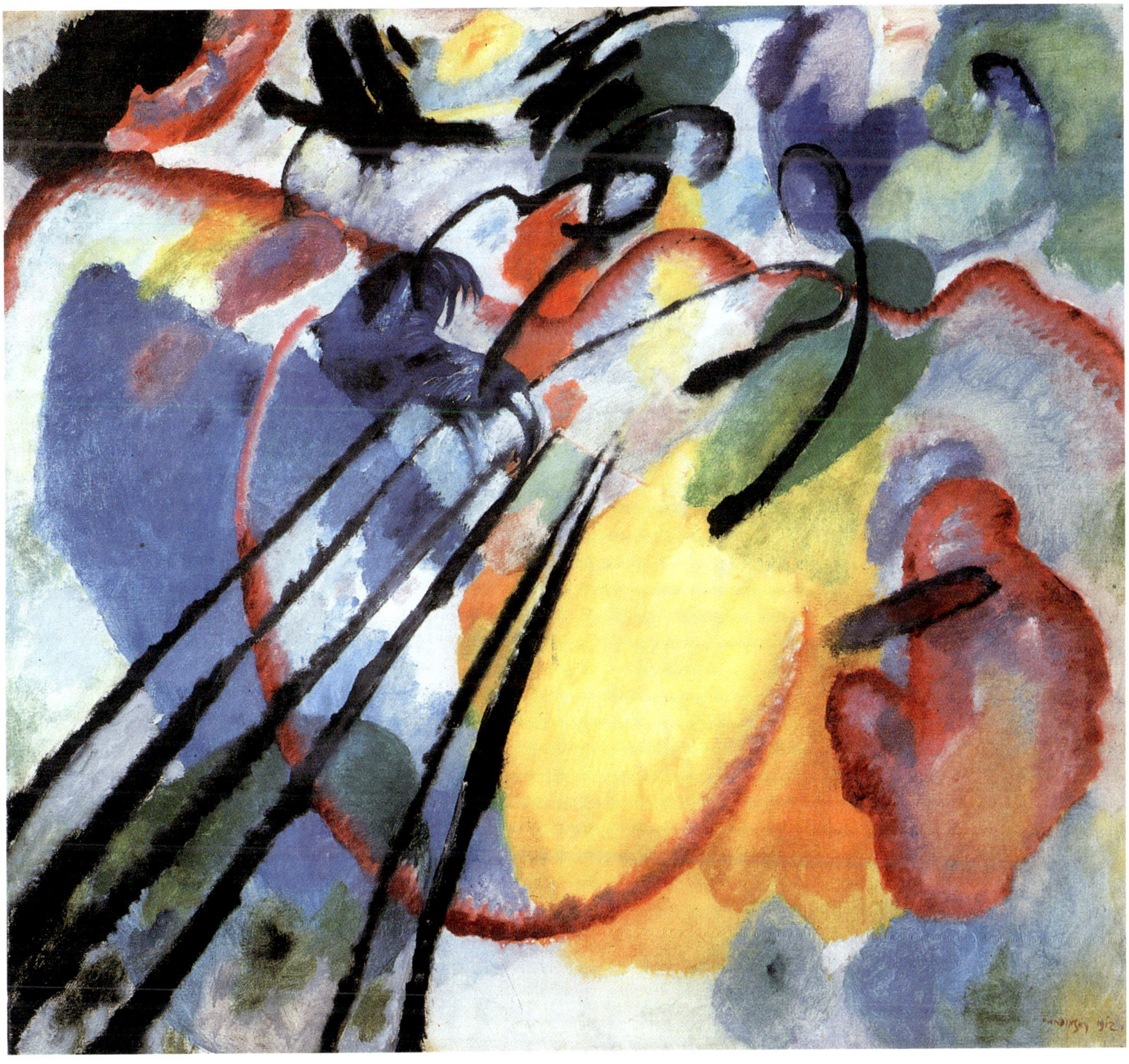

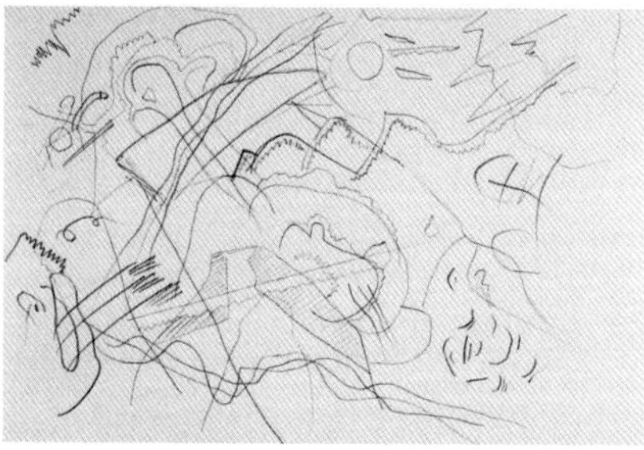

Entwurf zu ***Bild mit weißem Rand,*** 1913
Bleistift, 15 x 25 cm
München, Städtische Galerie
im Lenbachhaus

„Der Blaue Reiter" trägt diesen Widerstreit in seinem Banner. Die Namensfindung der Gruppe wurde von Kandinsky in eine harmlos-spaßige Kaffeetischanekdote gekleidet. Doch ist zum einen die Farbe Blau für Kandinsky die „typisch himmlische", also geistige Farbe, wie übrigens auch für Marc. Zum anderen taucht das Thema des Reiters, wie schon zu sehen war, bei Kandinsky in vielen Varianten auf und bezeichnet die Wandlung vom Märchenprinzen zum Streitritter einer neuen Ästhetik. Der in dem Almanach öfter auftauchende „Heilige Georg" münzt dieses Motiv im christlichen Sinne um, wie dies auch viele der Hinterglasbilder Kandinskys bezeugen. Der Drachenkampf steht für den Sieg des Geistigen über die materialistische Weltanschauung, eine Hoffnung, die im Almanach in vielfacher Weise zum Ausdruck kommt. Ähnlich wie in der Ausstellung wird der unbefangene Betrachter beim Durchblättern des Magazins zunächst durch die Fülle heterogener Eindrücke verwirrt: bayerische Votiv- und Hinterglasbilder finden sich neben mittelalterlichen Holzschnitten, Beispielen chinesischer Malerei, einem Mosaik aus San Marco in Venedig, Plastiken aus Mexiko, aus Kamerun und von den Osterinseln, japanischen Tuschzeichnungen, russischen Volksblättern und ägyptischen Schattenspielfiguren. Die Beispiele zeitgenössischer Maler erweiterten sich noch während der Bildbeschaffung auf Anraten des rührigen Münchner Verlegers Reinhard Piper um Vincent van Gogh, Henri Matisse und Paul Gauguin. So enthielt der Almanach neben den Werken der Maler des „Blauen Reiters" auch Reproduktionen fast aller „modernen" Maler. Dazu gab es einige Beiträge „moderner" Musik von Schönberg, Anton von Webern und Alban Berg sowie die Bühnenkomposition *Der Gelbe Klang* von Kandinsky, der auch die wichtigsten Aufsätze „Über die Formfrage" und „Über Bühnenkomposition" beisteuerte. Von Marc stammt der Text „Geistige Güter", in dem er die Trägheit der Menschheit bei der Aneignung neuer geistiger Erkenntnisse beklagt. Mackes Beitrag „Die Masken" befasst sich mit dem Geheimnis der Formen, hinter denen die Äußerung des inneren Lebens stehe. Über die „Wilden Russlands" berichtet David Burljuk, über die „Anarchie in der Musik" der mit Kandinsky befreundete Komponist Thomas von Hartmann.

Arnold Schönberg schreibt über das Verhältnis der Musik zum Text am Beispiel der Schubertschen Lieder. Den wichtigen neuen französischen Malern des Kubismus, denen Kandinsky schon in der „Neuen Künstlervereinigung München" großen Platz eingeräumt hatte, ist ein Aufsatz von Roger Allard zu den „Kennzeichen der Erneuerung in der Malerei" gewidmet. Ein kunstwissenschaftlicher Text von Erwin Busse beschreibt die „Kompositionsmittel von Robert Delaunay", dem französischen Maler, der im Kreis des „Blauen Reiters" mit seinen eigenwilligen Eiffelturmbildern und Städtebildern großen Eindruck gemacht hatte und gleichzeitig mit Kandinsky und anderen Malern auf der Suche nach einer „reinen Malerei" war.

Aus der Bandbreite der Abbildungen und Themen wird deutlich, wie Kandinsky und auch Marc den „Blauen Reiter" verstanden: nicht nur als Manifestation neuer Malerei in Deutschland, sondern als Aufruf zur geistigen Erneuerung auf allen Gebieten der Kunst und Kultur, die auch zum Teil als Rückbesinnung auf die vergangenen „geistigen Güter" der Menschheit erfolgen sollte.

Damit wurde dieser Almanach, ein einmaliges Ereignis, zu einem Symbol der Kunstwende, die von den modern ausgerichteten Kräften aller Kunstgattungen in ganz Europa getragen wurde. Der Durchsetzung dieser progressiven Stilrichtungen diente auch die weitere Ausstellungstätigkeit des „Blauen Reiters". Während dic zweite Ausstellung mit über 300 grafischen Arbeiten in der Zeit vom 12. Februar bis zum 18. März 1912 in der Buch- und Kunsthandlung

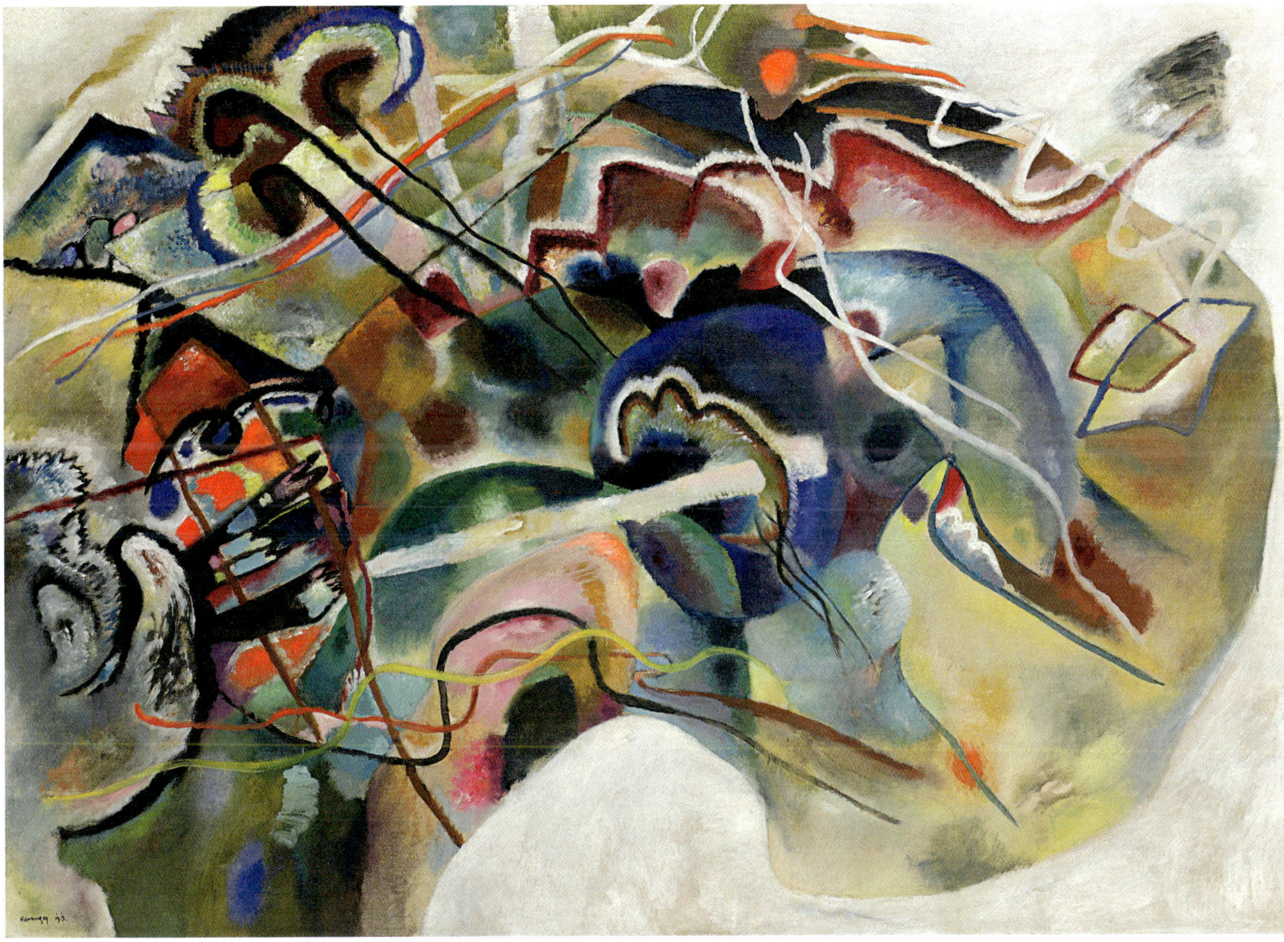

Hans Goltz zu sehen war, befand sich die erste Ausstellung auf Tournee; sie wurde zuerst im Gereonsclub in Köln gezeigt, dann bei Herwarth Walden in der neu eröffneten „Sturm"-Galerie in Berlin. Es folgten die Vereinigten Werkstätten für Kunst und Handwerk in Bremen, das Museum Folkwang in Hagen und der Salon Goldschmidt in Frankfurt am Main. Für Kandinsky wurde besonders der Kontakt zu Walden wichtig, der nach Kräften die neue Malerei in seiner Galerie und dem angeschlossenen Verlag unterstützte. Im Oktober 1912 erhielt Kandinsky dort seine erste große Einzelausstellung; sein Aufsatz „Malerei als reine Kunst" erschien 1913 in der Zeitschrift *Der Sturm,* seine biografischen Skizzen „Rückblicke" in dem von Walden herausgegebenen Album „Kandinsky 1901–1913". Als endlich im Mai 1912 der Almanach im Piper Verlag in München herauskam, war allerdings schon der Höhepunkt der gemeinsamen Aktivität unter dem Titel „Der Blaue Reiter" erreicht. Während Marc noch Jahre danach den Wunsch äußerte, einen Fortsetzungsband zusammenzustellen, blieb Kandinsky reserviert. Im März 1914 erteilte er dem Unternehmen eine definitive Absage. Die Redaktion und Künstlergruppe „Der Blaue Reiter" bestand also nur wenige Jahre. Jedoch bilden die beiden Ausstellungen und der Almanach unter diesem Titel eine Keimzelle für die Kunst des 20. Jahrhunderts, und viele der dort enthaltenen Ideen wurden von nachfolgenden Künstlergenerationen weiterentwickelt oder harren noch der Entdeckung.

Bild mit weißem Rand, 1913
Öl auf Leinwand, 140,3 x 200,3 cm
New York, The Solomon R. Guggenheim Museum

Für Kandinsky begannen mit dieser regen Ausstellungstätigkeit und den neu gewonnenen Kontakten die entscheidenden Jahre auf dem Weg zur abstrakten

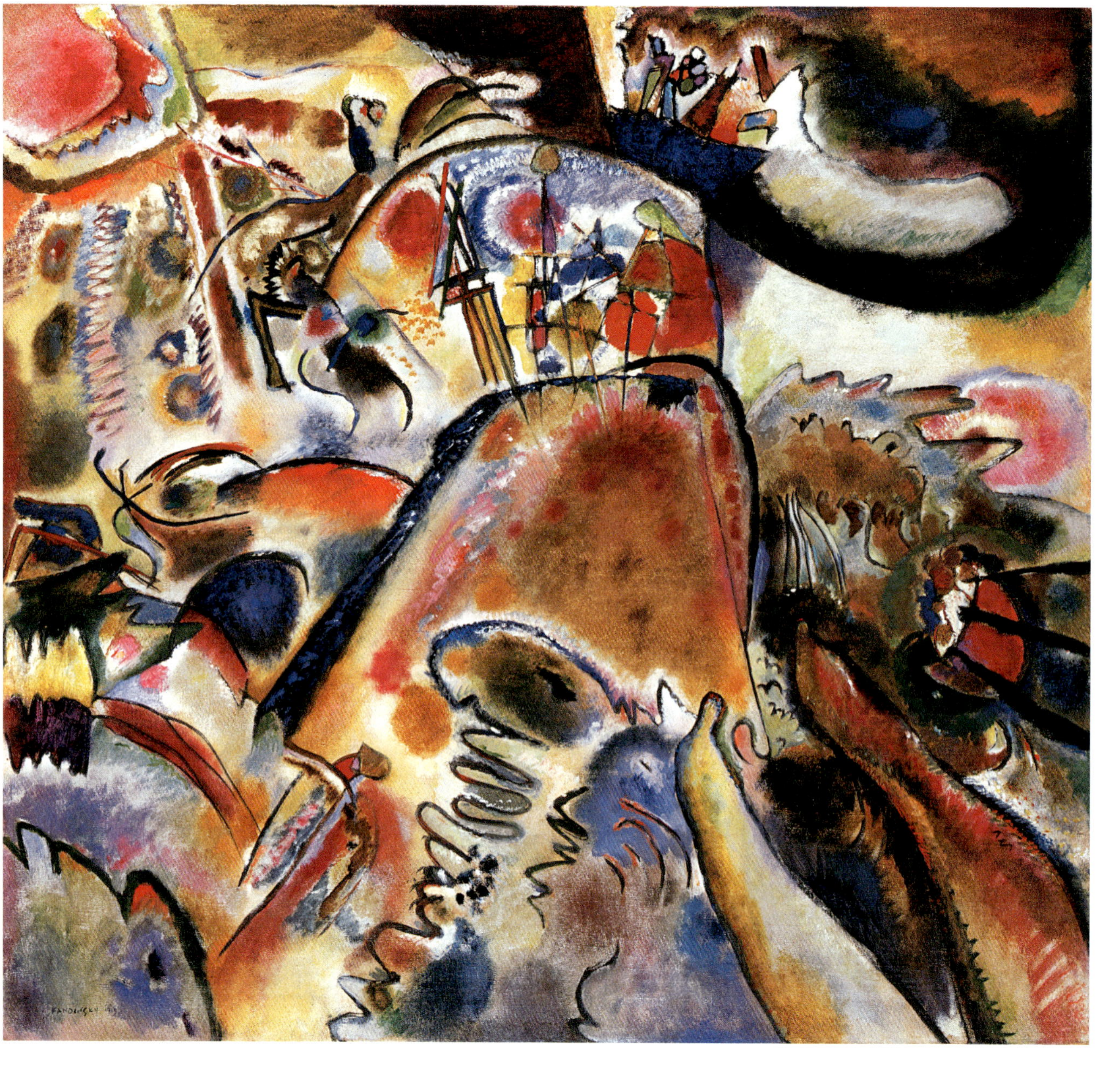

Malerei. An den *Improvisationen* lässt sich vielleicht am besten der Prozess beschreiben, der Kandinsky von den nur langsam aufgegebenen assoziativen Bezügen zu einer reinen Form- und Farbsprache führte. Die *Improvisation 26* schließt sich in den Fleckenformen und gestischen Linienzügen an die Bilder des Jahres 1911 an. Auch in diesem Bild fallen aber einige ambivalente Formgebilde auf, die bei näherem Hinsehen in eine gegenstandsbezogene Formkunde leiten. So entpuppt sich der rote Fleck rechts im Bild bald als stilisierte Figur, die im Zusammenhang mit dem roten Bogen und den sechs schwarzen Linien auf die von Kandinsky beigegebene Erklärung „Ruderer" verweist. In Kandinskys Ikonografie ist auch das Ruderboot, das in vielfach abgewandelter Form in vielen Werken dieser Phase auftaucht – besonders deutlich in *Kleine Freuden* (Abb. S. 42) –, ein Symbol des Vorwärtseilens, wie in dem Motiv des Reiters, aber auch ein Bild des Gefährdet- und Ausgesetztseins des Menschen. Das Thema der Apokalypse und Katastrophe wird in einigen Bildern durchgespielt, so auch in der *Improvisation Sintflut* (Abb. S. 44), eine der farbigsten und aufgewühltesten Kompositionen, die Kandinsky je gemalt hat. In den auf- und abwogenden Farberuptionen versinkt jedes erkennbare Detail; lediglich in der linken oberen Bildecke meint man einen Berg, ebenfalls ein beliebtes Grundmotiv dieser Periode, wahrzunehmen, der unerschütterlich inmitten der Turbulenzen steht. Nicht nur Kandinsky war davon überzeugt, dass das kommende Reich des Geistigen nur unter schwersten Anstrengungen errichtet werden konnte. Viele seiner Prophezeiungen in seiner Schrift „Über das Geistige in der Kunst" stützen sich auf die okkulte Schrift „Die Dritte Offenbarung" von Joachim von Fiore aus dem 12. Jahrhundert, die von den Romantikern weitergegeben wurde und im Kreis des „Blauen Reiters" vor allem von Marc und Kandinsky diskutiert wurde. Nach dem Zusammenbruch des materialistischen Zeitalters sollte jedenfalls für Kandinsky und seinen Kreis ein neues Reich des Geistes entstehen, dessen adäquate Ausdrucksform die abstrakte Malerei war, an der er so intensiv arbeitete.

Fast wie eine Erholung, eine Ruhepause oder eine Rückerinnerung an „glückliche Zeiten" wirken vor allem zwei Bilder innerhalb dieser Entwicklung. Das eine ist betitelt *Improvisation Klamm* (Abb. S. 53) und zeigt inmitten stürzender oder steigender Farbkatarakte ein bayerisch kostümiertes Paar auf einem Steg mit dazugehörigen Ruderbooten. Ob Kandinsky hier eines Ausflugs mit Gabriele Münter zu einer der malerischen Klammen (Felsspalten) in der Nähe von Garmisch-Partenkirchen gedachte oder dem futuristischen Credo („Wir setzen den Betrachter mitten ins Bild", Erstes Futuristisches Manifest, 1912) eine ironische Fußnote verleihen wollte, ist wohl nicht zu klären. Jedenfalls zeigt sich Kandinsky inmitten der Katastrophen- und Untergangsbilder einmal von seiner heiteren Seite, die ihm Weggefährten durchaus bescheinigten. Das zweite Bild mit diesem Einschlag trägt den Titel *Kleine Freuden* (Abb. S. 42), zu dem es auch ein Hinterglasbild und ein Aquarell (Abb. S. 43) gibt. In dieser gelösten und farbig zurückhaltenden Komposition überwiegen noch einmal die gegenständlichen Reminiszenzen; deutlich erkennbar sind eine auf einem Berg gelegene Stadt (vgl. *Das bunte Leben,* Abb. S. 8), darüber vielleicht noch eine Ansiedlung, landschaftliche Suggestionen, sprengende Reiter, schemenhafte Gestalten (Riesen?) am Fuß des Berges und rechts eine Wasserfläche und eine „Nussschale" mit drei schwarzen Rudern. Am ehesten lässt sich das Bild wohl auf Kandinskys Heimatliebe zur „Mutter-Moskau" beziehen, wenn man es mit den Bildern der Frühzeit vergleicht, in denen ähnliche Motive auftauchen. *Kleine Freuden* erscheint so als Rückbesinnung inmitten einer Zeit der hektischen Ausstellungstätigkeit und Weiterentwicklung der abstrakten Bildsprache.

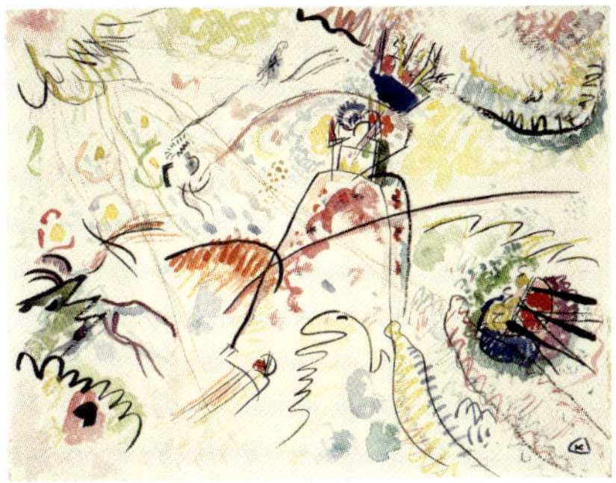

Entwurf für ***Kleine Freuden,*** 1913
Aquarell und Tusche auf Papier,
23,8 x 31,5 cm
Paris, Musée national d'art moderne,
Centre Georges Pompidou

Kleine Freuden, 1913
Öl auf Leinwand, 109,8 x 119,7 cm
New York, The Solomon R.
Guggenheim Museum

Träumerische Improvisation, 1913
Öl auf Leinwand, 130,7 x 130,7 cm
München, Pinakothek der Moderne

Ein Meilenstein auf diesem Weg ist sicher das *Bild mit weißem Rand* (Abb. S. 41), das Kandinsky 1913 malte, auf dem Höhepunkt seines Schaffen vor Ausbruch des Weltkriegs. Nach seiner Rückkehr aus Russland kurz vor Weihnachten 1912 begann Kandinsky mit den Skizzen zu dem Bild. Dabei erinnerte er sich wieder an sein Leitmotiv, den Kampf des heiligen Georg mit dem Drachen. In vielen vorbereitenden Skizzen und Entwürfen arbeitete er das ursprüngliche Motiv immer stärker zu abstrakten Formen um, bis in der endgültigen Fassung des Ölbildes „die Mittel also sehr einfach und vollkommen unverschleiert und klar" die für ihn wesentliche Handlung, einen „Kampf in Weiß und Schwarz", auszudrücken vermochten. Man wird also die blaue verwaschene Form in der Bildmitte als kämpfende Figur interpretieren müssen, die weiße davon ausgehende Linie als Lanze, die sich gegen den „Drachen" richtet, der als schwarze, ausgreifende Form unten links zu sehen ist. Wichtiges kompositorisches Mittel ist hier aber vor allem der weiße Rand, der die Komposition umschließt und auf die wesentlichen Bildteile konzentriert.

Zu den gelungensten Bildern dieses Jahres zählt auch die *Träumerische Improvisation* (Abb. S. 45). Um ein blaues Zentrum schweben und treiben verschiedene Farbformen auf diffus eingefärbtem Bildgrund, begleitet von den „zweiten Stimmen", den Linienkürzeln und grafischen Einsprengseln, die hier als ganz eigenständige, kontrapunktische Gebilde gleichberechtigt neben den freien Farben auftreten. Die ganze Komposition strahlt eine abgeklärt ruhige Stimmung aus, weit entfernt von dem konvulsiven Zucken anderer „Improvisationen". Kandinsky hat mit diesem Bild die schmale Passage betreten, die zwischen den beiden Extremen einer „toten" Abstraktion liegt: „Dieser Weg liegt zwischen

Improvisation Sintflut, 1913
Öl auf Leinwand, 95 x 150 cm
München, Städtische Galerie im Lenbachhaus

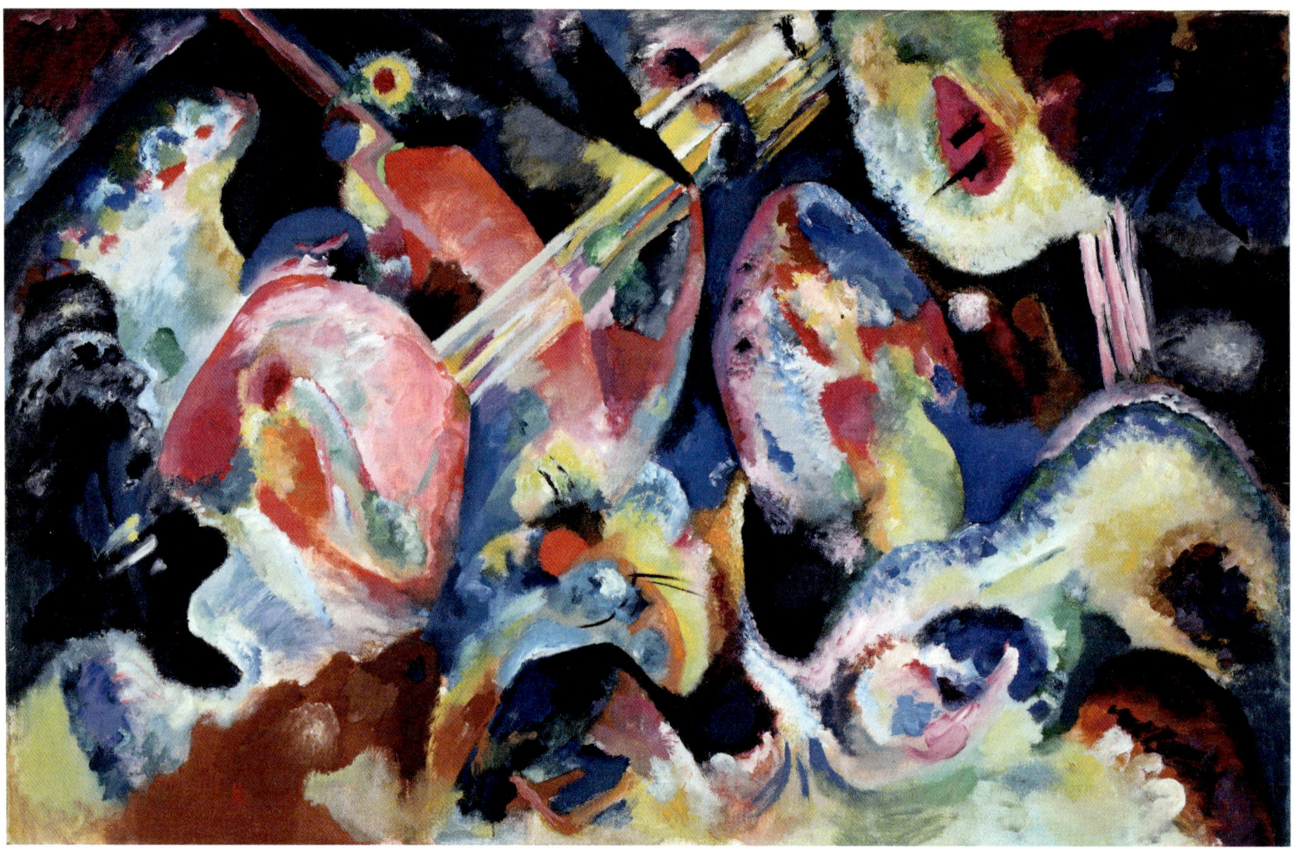

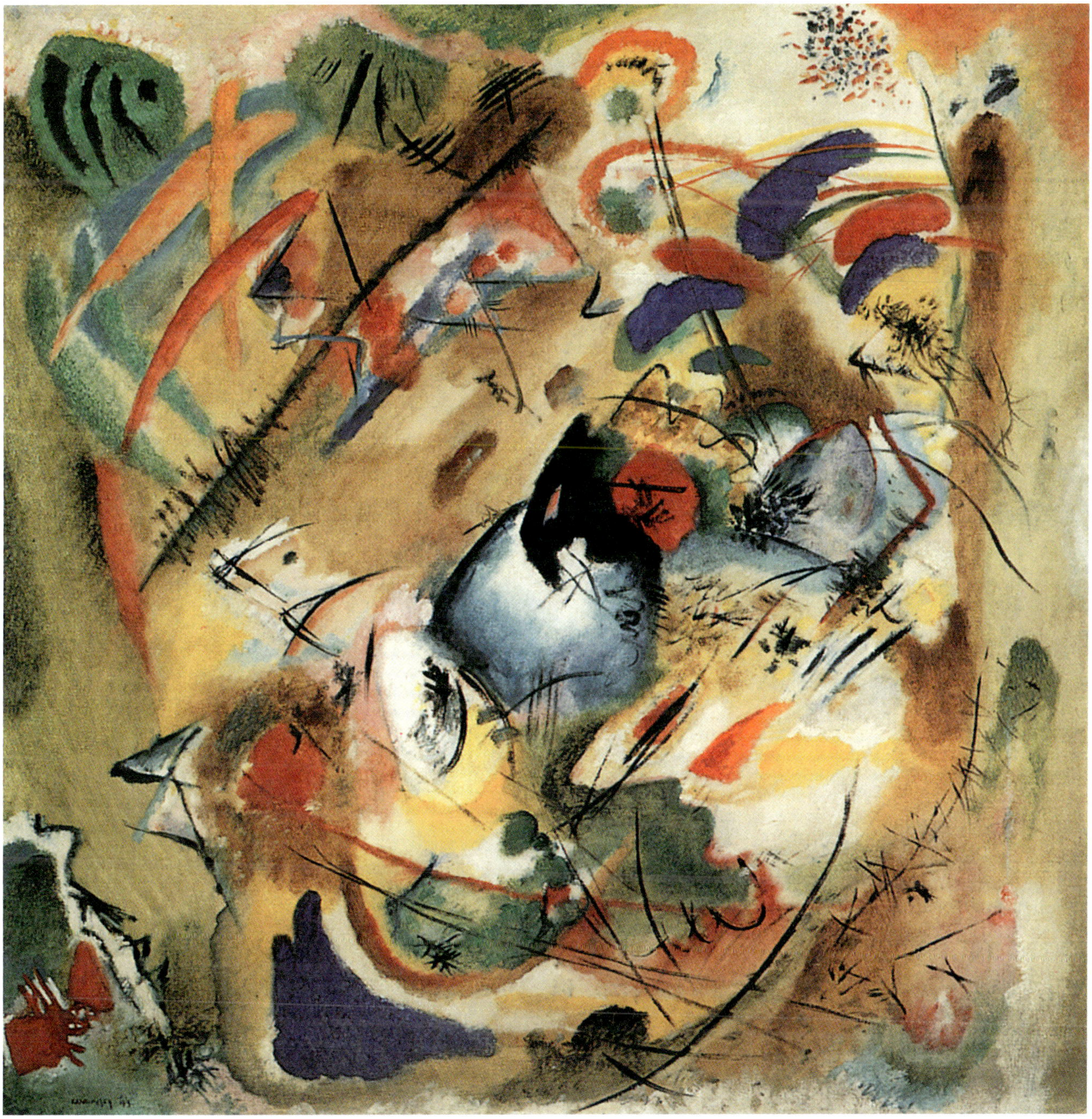

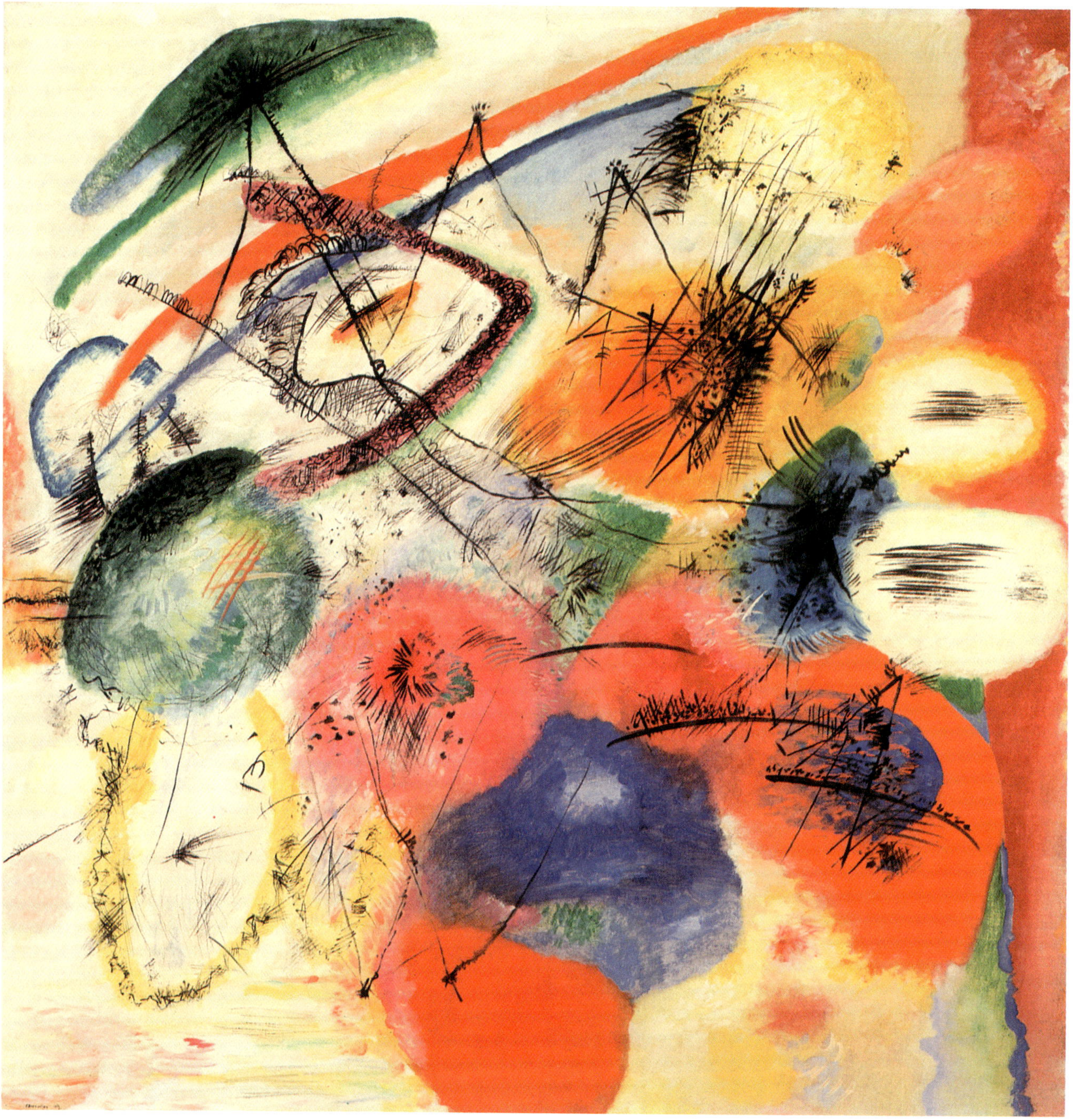

zwei Gebieten (die heute zwei Gefahren sind): rechts liegt das vollständig abstrakte, ganz emanzipierte Anwenden der Farbe in ‚geometrischer' Form (Ornamentik), links das mehr reale, zu stark von äußeren Fomen gelähmte Gebrauchen der Farbe in ‚körperlicher' Form (Fantastik)".

Vielleicht kann dieses Bild mit seinen oszillierenden Farben und expressiven Zeichen am ehesten zeigen, was Kandinsky unter dem Begriff „klingender Kosmos" verstand, ein ereignisreiches Beziehungsgeflecht freier, von gegenständlicher Assoziation letztlich befreiter Farben und Formen in einem offenen Bildraum. Ein ebenso gelöstes Spiel verschwebender Farbklänge und darauf sich eingrabender grafischer Zeichen zeigt das Bild *Schwarze Striche I* (Abb. S. 46). Der Gegensatz zwischen den bunt glühenden Farbschlieren und dem zeichnerischen Duktus der Grafismen ist hier noch deutlicher ausgeprägt und erinnert an japanische Kalligrafien, die Kandinsky zeitlebens bewundert hat. Vielleicht lag in diesem zeichnerischen Erfindungsreichtum neben dem Farbensinn Kandinskys eigentliche Stärke. Dieses Bild ist fast ein frühes Beispiel informeller Malerei im Sinne von Wols nervöser Zeichenkunst.

In den Zusammenhang dieser Bilder gehört übrigens auch das von Kandinsky auf 1910 datierte sogenannte *Erste Abstrakte Aquarell* (Abb. S. 37), das in seiner freien Zeichensprache eher wie eine Vorstudie zu der großen *Komposition VII* des Jahres 1913 wirkt.

Nie hat sich Kandinsky ausführlicher zur Entstehung und Bedeutung seiner Bilder geäußert als zur *Komposition VI* (Abb. S. 49). Als Ausgangspunkt nennt er die Sintflut, ein Thema, das er in einem Glasbild in einem mehr gegenständlichen Entwurf bereits behandelt hatte. Nach mehreren Vorstudien und Entwürfen wagte sich Kandinsky endlich an das große Bild. In seinen „Rückblicken" schreibt er: „In diesem Bild sieht man zwei Zentren: 1. links das zarte, rosige, etwas zerschwommene Zentrum mit schwachen unsicheren Linien in der Mitte, 2. rechts (etwas höher als das linke) das grobe, rot-blaue, etwas missklingend, mit scharfen, etwas bösen, starken, sehr präzisen Linien.

Zwischen diesen Zentren das dritte (dem linken näher liegend), welches erst später als Zentrum erkannt werden kann und doch im letzten Grunde das Hauptzentrum ist. Hier schäumt die rosa und weiße Farbe so, dass sie weder auf der Fläche der Leinwand zu liegen scheint, noch auf irgendeiner idealen Fläche. Sie ist vielmehr in der Luft schwebend und sieht wie von Dampf umgeben aus. (...) Der in dem Dampf stehende Mensch ist weder nahe, noch weit; er ist irgendwo. Dieses ‚Irgendwo' des Hauptzentrums bestimmt den inneren Klang des ganzen Bildes."

In der Farbenwahl und einigen kompositorischen Einfällen, wie den Linienbündeln oben und rechts im Bild, erinnert die Komposition an die *Improvisation Sintflut.* Nach der Gestaltung eines Eindrucks „innerer Natur", wie Kandinsky die „Improvisation" definiert, klärte sich dann, über den Umweg des Glasbildes, das innere Bildgeschehen zur großen, umfassenden „Komposition", „der langsam und bewusst geformten Aussage über die innere Vorstellungs- und Gefühlswelt". Das auslösende (innere) Motiv der Sintflut (Endzeitstimmung, Vorbereitung der Wende zum geistigen Zeitalter) wird von der abstrakten Bildsprache vollständig assimiliert und „in ein inneres, rein malerisches, selbstständiges und objektives Wesen verwandelt".

Die *Komposition VI* bildete Kandinskys Hauptwerk in dem berühmten „Ersten Deutschen Herbstsalon", der in Berlin im September 1913 von Herwarth Walden organisiert wurde. Vorbild war der jährlich stattfindende Herbstsalon in Paris mit seiner Übersicht über die neuesten Kunstrichtungen. Für die sich

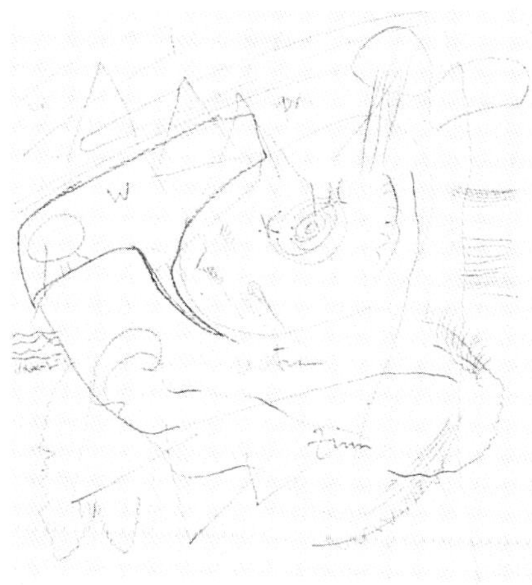

Kompositionsskizze zu ***Schwarze Striche,*** 1913
Schwarze Kreide, graues Untersatzblatt,
21 x 20,5 cm
München, Städtische Galerie
im Lenbachhaus

Schwarze Striche I, 1913
Öl auf Leinwand, 129,4 x 131,1 cm
New York, The Solomon R.
Guggenheim Museum

stärker abgrenzenden Maler des „Blauen Reiters" war es noch einmal eine Möglichkeit, in einer großen Übersichtsausstellung von internationaler Qualität Profil zu zeigen. Die eindrucksvollsten Hängungen beanspruchten Kandinsky sowie Marc und Macke, die außerdem zusammen mit Walden und dem Berliner Sammler Bernhard Köhler für die Organisation der Ausstellung verantwortlich waren. Hauptwerke waren Kandinskys schon erwähnte Bilder *Komposition VI* und *Bild mit weißem Rand* sowie *Bild mit weißen Formen,* von Macke *Vier Mädchen, Zoologischer Garten* und *Badende Mädchen,* von Marc *Turm der blauen Pferde* (verschollen), *Tirol* und *Tierschicksale.* Neben den Werken einiger Kubisten und Futuristen aus Paris und Italien, darunter Jean Metzinger, Albert Gleizes, Fernànd Léger, Umberto Boccioni, Giacomo Balla und Gino Severini waren 22 Werke dem Gedenken an den verstorbenen Henri Rousseau gewidmet.

Klee und Kubin bestückten ein grafisches Kabinett mit je etwa 20 Arbeiten. Von den expressionistischen Künstlern war außer Oskar Kokoschka mit einigen Aktzeichnungen niemand vertreten. Die „Brücke"-Künstler hatten mit dem Hinweis auf ihre Beteiligung an der Kölner „Sonderbund"-Ausstellung abgesagt. Der wahre Grund lag wohl eher in der wachsenden Animosität zwischen beiden Gruppierungen, dem „Blauen Reiter", der sich verstärkt der Abstraktion zuwandte, und der „Brücke", die eine „Menschenkunst" bevorzugte. Eigentlicher Mittelpunkt des Herbstsalons waren jedoch die Bilder, Entwürfe und Dekorationen von Sonia und Robert Delaunay; letzterer war schon in der ersten Ausstellung und im Almanach des „Blauen Reiters" durch Vermittlung der Malerin Elisabeth Epstein vertreten gewesen. Hatten schon seine dynamisierten „Städtebilder" und „Eiffeltürme" großes Interesse erregt, so riefen seine neuen abstrakten Bildserien „Fensterbilder" und „Kreisformen" einmütige Begeisterung unter den Malern des „Blauen Reiters" hervor. Delaunay hatte die „reine Farbe" ohne schmückendes Beiwerk, auch ohne grafische Elemente, gestaltbar gemacht. Nach einem Besuch von Macke und Marc bei den Delaunays im Herbst 1912 berichtete Macke von seiner Faszination für die „Fensterbilder": „Reflektierende Spiegelscheiben, durch die man an einem sonnigen Tag die Stadt und den Eiffelturm sieht, die tiefvioletten Reflexe, links das herrliche Orange, unten die blassblauen Häuser, aus denen sich immer wieder überfangen von dem scharf abgesetzten Glänzen der Scheibe der grüne Turm bis in den azurblauen Himmel erhebt. Das ist der äußere, an sich sehr einfache Vorgang. Aber zu welchen Klängen vereinfacht er dieses einfache Motiv. Du musst besonders einmal sehen, wie bei weiterem Wegtreten die Farben eine wunderbare Tiefe annehmen. Das ist alles so herrlich ausgewogen, dass die ganze sonnige Natur sich darin spiegelt (...)".

Für Macke begann mit dem erneuten Zusammentreffen mit Delaunay anlässlich des Herbstsalons eine verstärkte Hinwendung zur „reinen Farbe" und eine damit verbundene Ablehnung von Kandinskys „Geheimniskrämerei". Auch für Marc bedeuteten die „Kreisformen" des Jahres 1913 eine neuartige Bildformel, die er bis in seine letzten Werke in seinem Sinne anzuwenden wusste.

Wenn Kandinsky durch Delaunay Anregungen empfangen hat, dann am ehesten in der Bestärkung seines eigenen Weges zur Autonomie der Bildelemente, aber nie in der absoluten Vorrangstellung der „reinen Farbe", aus der Delaunay alle anderen Bildfunktionen ableiten wollte. Wie stark trotzdem die anfänglich geteilte Faszination gewesen sein muss, geht aus einigen abstrakten Farbstudien Kandinskys hervor, die das Vorbild Delaunays hinreichend belegen.

In seinen *Kompositionen* hatte Kandinsky jedoch einen anderen Weg beschritten, in den sicher eine Fülle von Anregungen eingegangen sind, immer aber umgeformt in Kandinskys eigenständiges Bilddenken.

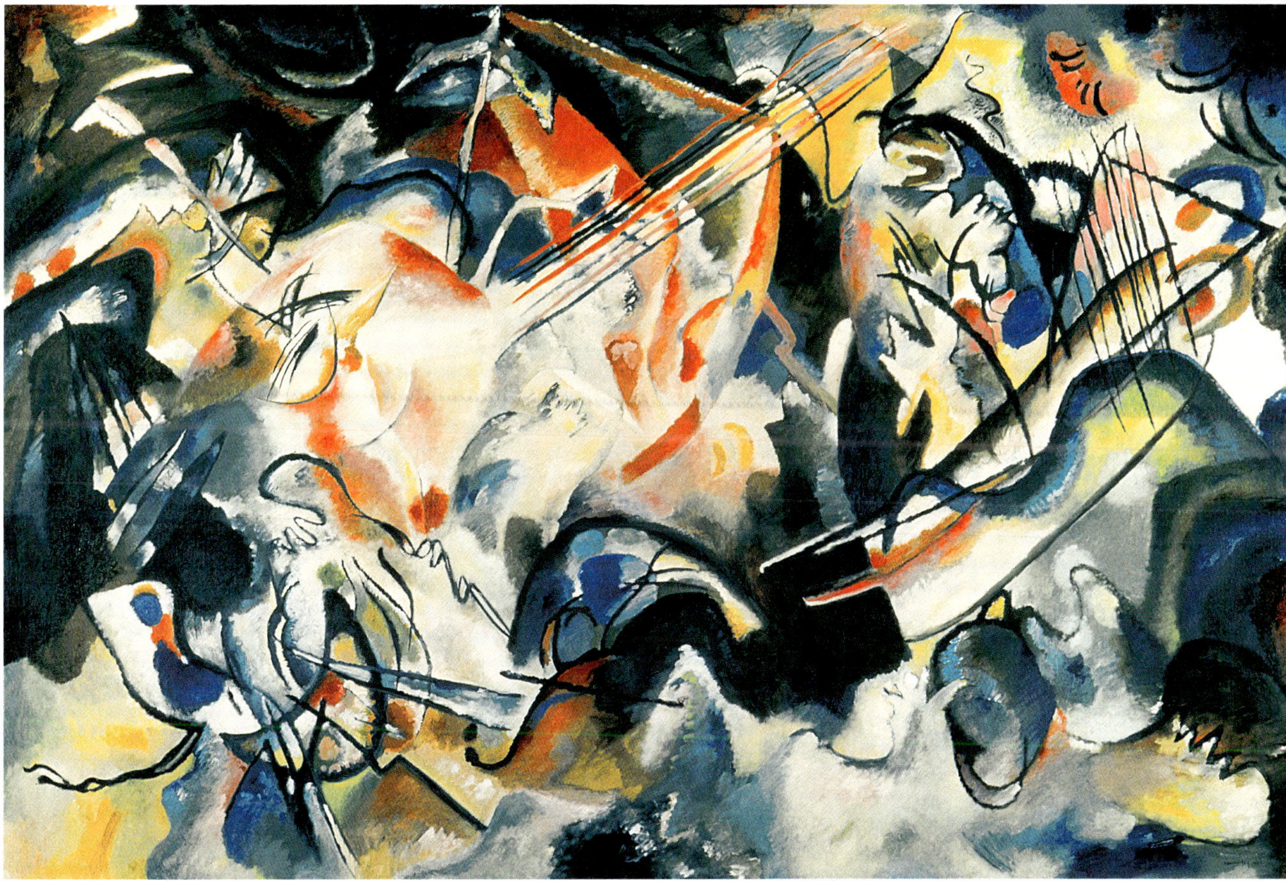

Komposition VI, 1913
Öl auf Leinwand, 195 x 300 cm
St. Petersburg, Eremitage

Das Hauptwerk der Münchner Epoche ist ohne Zweifel *Komposition VII* (Abb. S. 52), nicht nur wegen der Unmengen an Vorarbeiten z. B. mit der *Studie zu „Komposition VII" (Entwurf 2)* (Abb. S. 50–51), sondern auch im Hinblick auf die Vielschichtigkeit der Themen und Motive. Als Vorstufen zu diesem gigantischen Bild existieren etwa 15 Varianten verwandter Themen als Hinterglasbilder, Zeichnungen, Aquarelle, Holzschnitte und Ölbilder, die alle um eschatologische Themen wie Sintflut, Auferstehung, Jüngstes Gericht kreisen. Allein für die Komposition des Bildes schuf Kandinsky über 30 Zeichnungen und Aquarelle, von peniblen Detailstudien bis zu Skizzen der Gesamtkomposition. Als Studien entstanden dann noch mindestens zehn Ölbilder, viele von ihnen können als selbstständige Werke betrachtet werden.

Die Vollendung des zwei mal drei Meter großen Gemäldes geschah dann in nur drei Tagen, wie Münter in ihrem Tagebuch berichtet. Trotz der intensiven Vorarbeit zu dem Bild bewahrt die ausgeführte Komposition eine Frische und Spontaneität wie in einer der ersten Vorskizzen. Von einem mehr grafisch angelegten Zentrum ausgehend, explodiert eine Welt voller Einfälle. Man könnte sagen, das Kandinsky selten in besserer Spiellaune war; neben krassen Farbkontrasten schweben verhaltene duftige Klänge, einfache Formgebilde wechseln mit hochkomplizierten ab, nirgends wiederholt sich eine Form oder eine Farbzusammenstellung. Aus den Strömungen und Gegenströmungen formt Kandinsky eine Symphonie von Motiven und Ausdrucksformen, eine Schlussapotheose der Schrift „Über das Geistige in der Kunst".

Die Veröffentlichung des lange geplanten Bandes *Klänge* mit Holzschnitten und Gedichten im Piper Verlag schloss diese sehr fruchtbare Periode im Schaffen

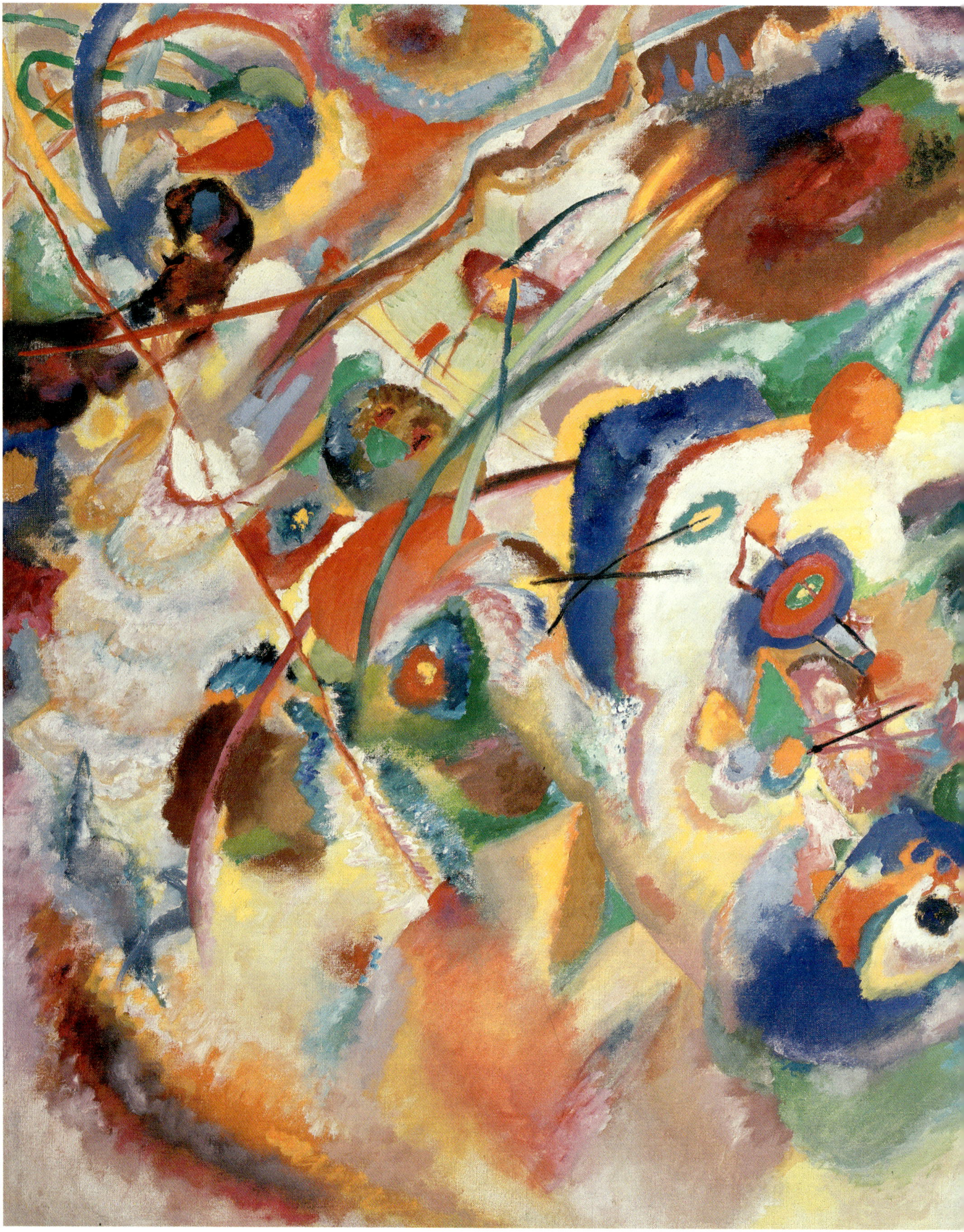

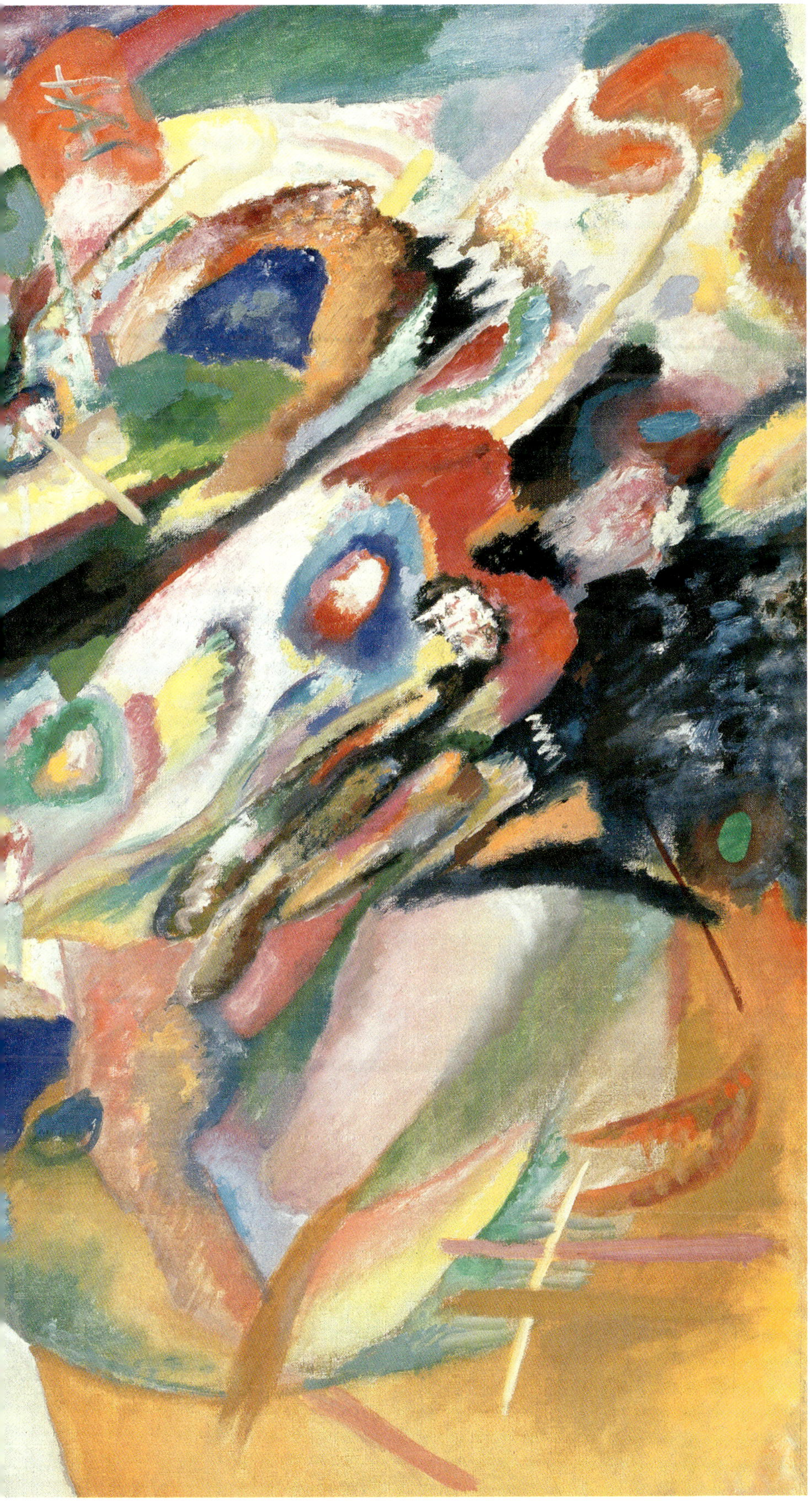

Studie zu „Komposition VII" (Entwurf 2), 1913
Öl auf Leinwand, 100 x 140 cm
München, Städtische Galerie
im Lenbachhaus

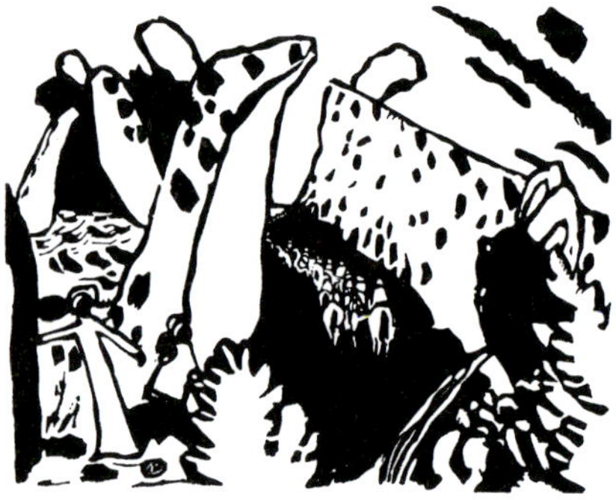

Aus ***Klänge***, 1913
Holzschnitt, 16,3 x 21 cm

Kandinskys ab. Das Jahr 1914 begann zunächst noch mit der Hoffnung auf die Aufführung der Farbenoper *Der Gelbe Klang* im Münchner Künstlertheater, doch nach intensiver Vorarbeit zusammen mit den Freunden aus dem „Blauen Reiter", August Macke, Franz Marc und Alfred Kubin, musste das Projekt aufgegeben werden. Erst 1982 konnte *Der Gelbe Klang* im New Yorker Marymount Theatre uraufgeführt werden.

Ein anderer Traum Kandinskys erfuhr dagegen eine erste Verwirklichung, nämlich die ästhetische Gestaltung der Umwelt, wie sie ihm seit den Tagen der „Phalanx" vorschwebte. Von dem Großindustriellen Edwin R. Campbell, der Bilder von Kandinsky in der Armory Show in New York gesehen hatte, erhielt er den Auftrag, vier Wandbilder für das Foyer seiner Wohnung in New York zu gestalten. Mit den im Sommer 1914 noch in Murnau vollendeten Bildern schloss Kandinsky seine erste, expressionistisch geprägte Entwicklung zur Abstraktion ab. Mit vollkommener Sicherheit bewegte er sich durch die alten Formmotive und Farbklänge und wandte sie in einem freien Zusammenspiel an. Erst 1916 konnten die Paneele nach New York verschifft werden, wo sich heute zwei von ihnen im Guggenheim Museum befinden.

Kandinsky stand im Zenit seines Schaffens, als angesehener Künstler und führender Kopf der von ihm neu begründeten abstrakten Malerei. In einer Folge von kleinen Schritten hatte er sich einen neuen Malereibegriff erobert. Behutsam hatte er die gegenständlichen Reminiszenzen aus seinen Kompositionen herausgelöst und die von ihnen früher vermittelten Inhalte allein auf die „ausgeprägten Gestalten" von Farben und Formen übertragen. Bereits 1910 beschrieb Kandinsky den neuen Inhalt seiner Bilder im Katalog zur zweiten Ausstellung der NKVM: „Das Sprechen vom Geheimen durch Geheimes. Ist das nicht der Inhalt? Ist das nicht der bewusste oder unbewusste Zweck des zwingenden Schaffensdranges? (...) Der Mensch spricht zum Menschen vom Übermenschlichen – die Sprache der Kunst."

Den Sieg des geheimnisvollen Geistigen hatte Kandinsky zumindest in seinen Bildern davongetragen. Seine Werke verstand er aber nicht nur als autonome Schöpfungen des Geistes, sondern als umfassendes Heilmittel für seine „kranke" Zeit. Diese wandte sich jedoch von den friedlichen Mitteln der Verständigung ab

Komposition VII, 1913
Öl auf Leinwand, 200 x 300 cm
Moskau, Staatliche Tretjakow Galerie

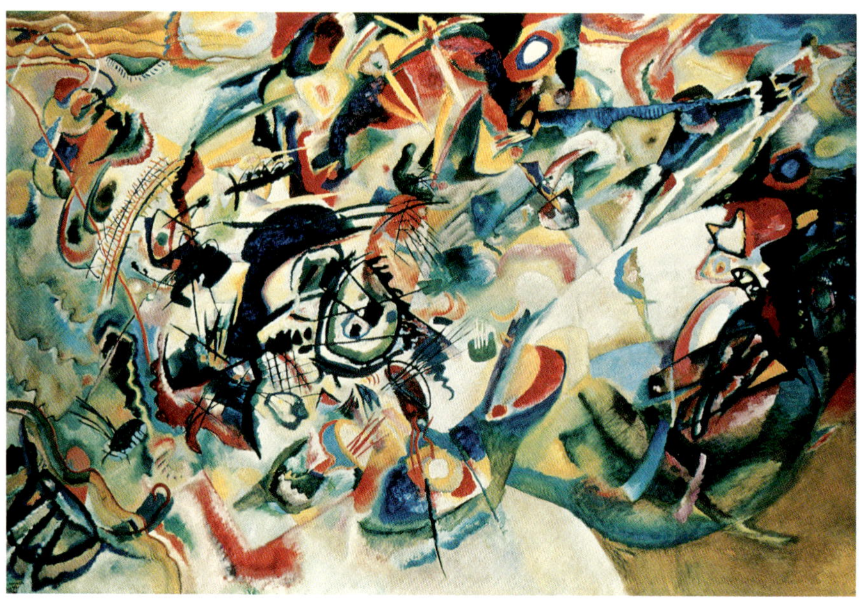

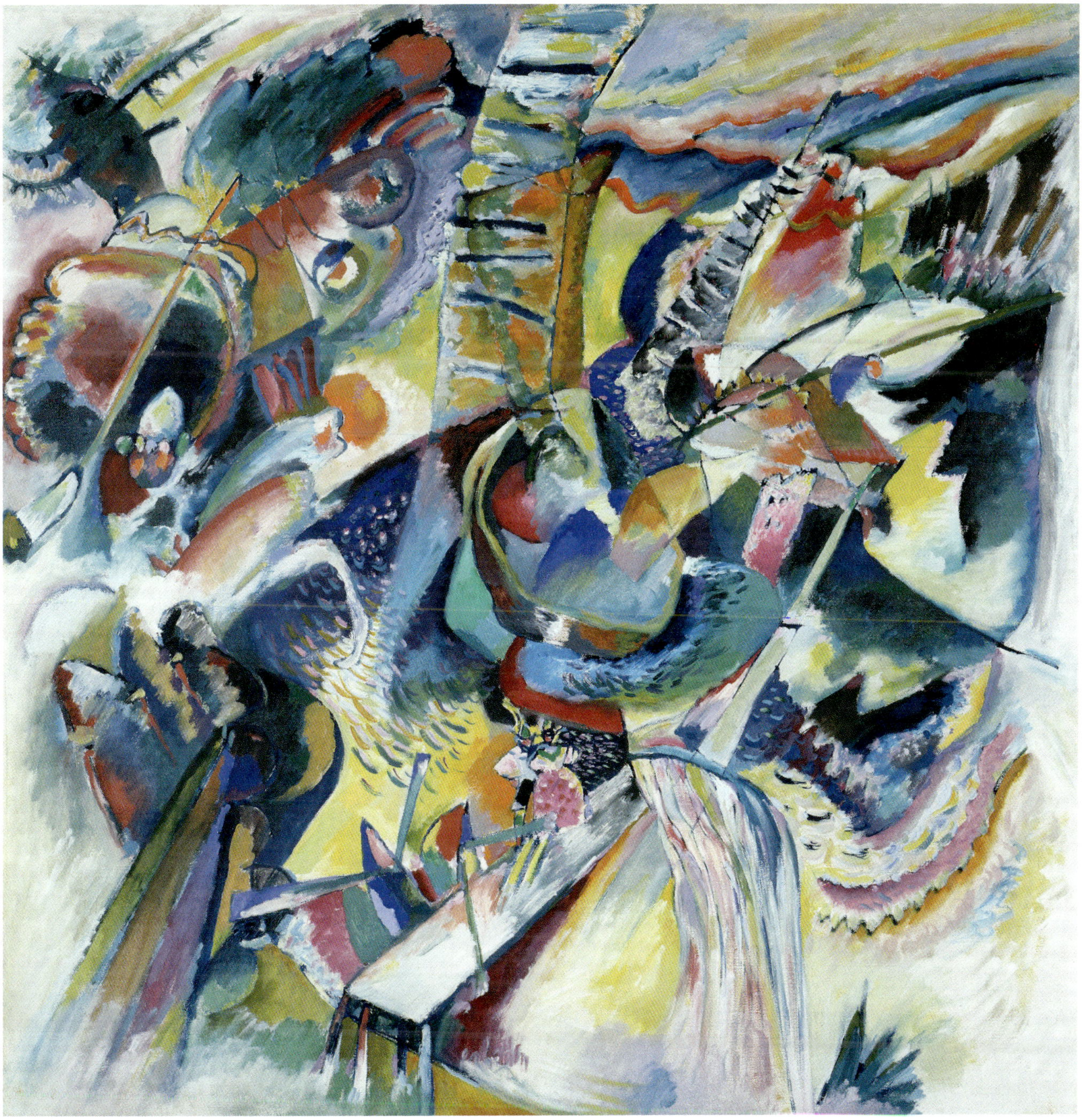

und ging in eine blutige Auseinandersetzung, die alle Künstlerträume um Jahre zurückwarf oder gänzlich zerstörte. Der Ausbruch des Ersten Weltkriegs überraschte Kandinsky und Münter in Murnau. Am 3. August flohen sie nach Goldach am Bodensee, wo Kandinsky noch an dem Bühnenstück *Violetter Vorhang* weiterarbeitete. Von Zürich aus ging er dann allein nach Moskau. Ein letztes Treffen mit Münter in Stockholm im Winter 1915/16 beendete nicht nur eine alte Freundschaft, sondern setzte auch den endgültigen Schlusspunkt unter eine der bewegtesten und spannendsten Phasen der modernen Kunstgeschichte.

Improvisation Klamm, 1914
Öl auf Leinwand, 110 x 110 cm
München, Städtische Galerie
im Lenbachhaus

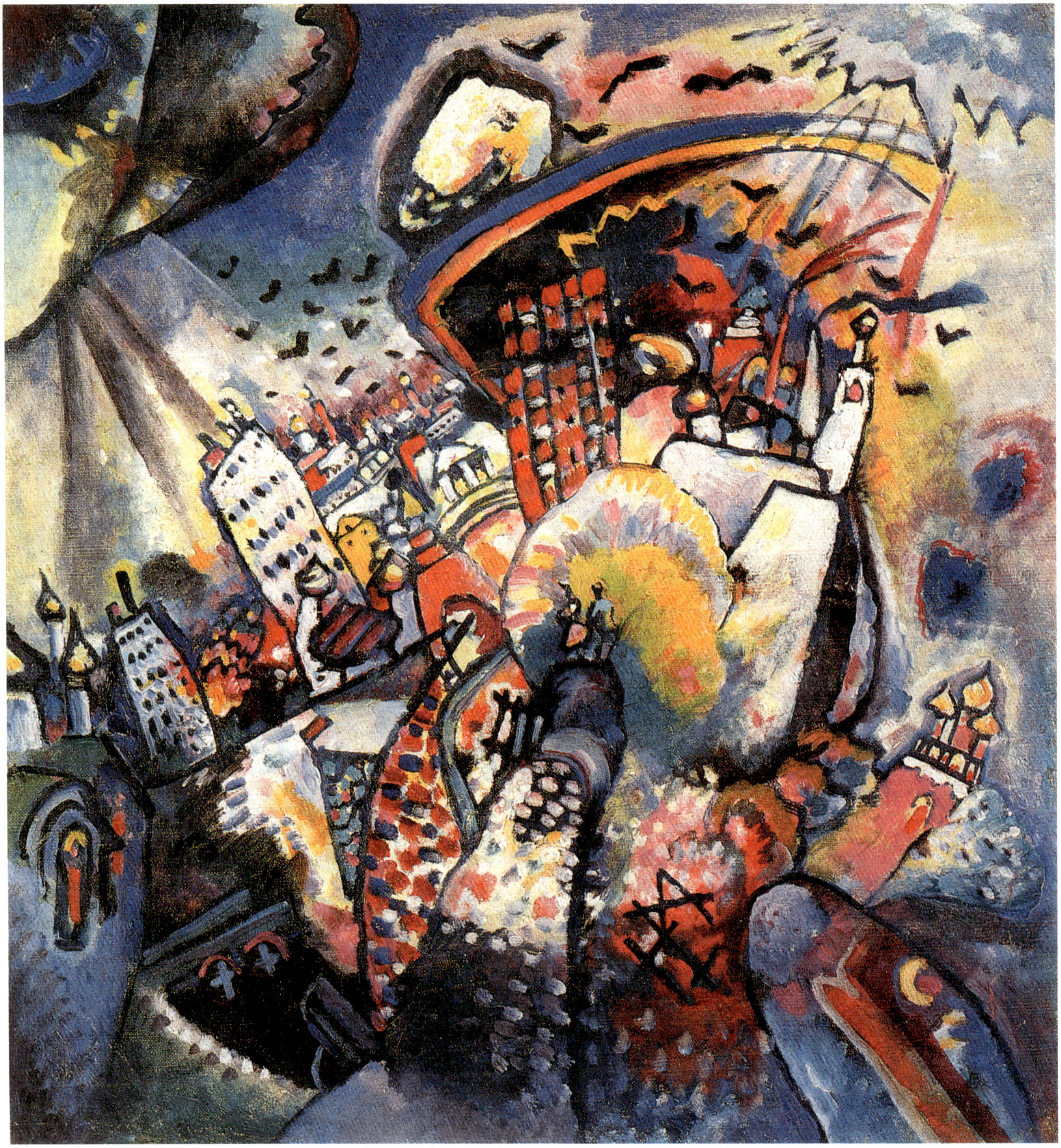

Intermezzo in Russland

1914–1921

Die künstlerische Situation in Russland war Kandinsky durch seine vielfältigen Kontakte zur alten Heimat nicht unbekannt geblieben. Von 1902 an hatte er für die Petersburger Zeitschrift *Welt der Kunst* und deren spätere Nachfolgerin *Apollon* regelmäßig Ausstellungsberichte und Aufsätze aus München geschrieben. Die *Welt der Kunst* hatte internationale Redaktionsmitglieder aus allen intellektuellen Schichten, die über die Situation der Künste in Europa und Russland berichteten. Ein häufiges Thema der Zeitschrift waren die Beziehungen zwischen Musik und Malerei, angefacht durch Skrjabins Kompositionen auf dem Farbenklavier und die Entdeckung des litauischen Malers Mikalojus Čiurlionis, der bereits um die Jahrhundertwende versuchte, Musik in halb abstrakte Gemälde umzusetzen. Als Ciurlionis 1909 nach St. Petersburg übersiedelte, wurde er von den dort versammelten symbolistischen Malern stürmisch als „synthetischster Maler" begrüßt.

Noch wichtiger waren für Kandinsky aber die Kontakte zu den Mitgliedern der symbolistischen Moskauer Künstlervereinigung „Blaue Rose", an deren Ausstellungen er zwischen 1900 und 1908 sowie noch einmal 1911 teilnahm. In vielen Punkten stimmten die Künstler der „Blauen Rose" mit Kandinsky überein, so in der Hervorhebung der Farbe als einem „klanglichen Mittel" zur Konstruktion von Rhythmus und Melodie im Bild, vor allem auch in der Betonung des kreativen, vom Abbild losgelösten Schaffensimpulses. Der Kritiker und Dichter Wladimir Majakowski schrieb 1907 in einem Bericht über die Ausstellung der „Blauen Rose": „Die Künstler sind in die Musik aus Farbe und Linie verliebt. Sie sind die Verkünder des Primitivismus, zu dem die moderne Malerei, an ihren Ursprüngen nach Wiedergeburt suchend, kam – in spontanem Erschaffen, unbeschwert vom Ballast geschichtlicher Erfahrung."

Zwischen 1907 und 1908 fand in Russland eine gründliche Verschiebung der künstlerischen Maßstäbe statt. Die Gültigkeit der symbolistischen Kunstauffassung wurde zunehmend infrage gestellt. Man begab sich auf die Suche nach unmittelbaren, intensiven Inspirationsquellen. Die neue Künstlergruppe „Karo Bube", zu der die Brüder David und Wladimir Dawidowitsch Burljuk, die Malerin Natalja Gontscharowa, die Maler Michail Larionow und Kasimir Malewitsch gehörten, fanden ihre Anregungen zunächst in der russischen Volkskunst, orientierten sich aber zusehends an der französischen Kunst. Der gemeinsame Wunsch nach einer ursprünglichen, „primitiven" Bildsprache entwickelte sich zu einer

„Das Kunstwerk besteht aus zwei Elementen: aus dem innern und aus dem äußern. Das innere Element, einzeln genommen, ist die Emotion der Seele des Künstlers. Diese Emotion hat die Fähigkeit, eine im Grunde entsprechende Emotion in der Seele des Beschauers hervorzurufen. Solange die Seele mit dem Körper verbunden ist, kann sie in der Regel Vibrationen nur durch die Vermittlung des Gefühls empfangen. Das Gefühl ist also eine Brücke vom Unmateriellen zum Materiellen (Künstler) und vom Materiellen zum Unmateriellen (Beschauer). Emotion – Gefühl – Werk – Gefühl – Emotion."

WASSILY KANDINSKY

Moskau I, 1916
Öl auf Leinwand, 51,5 x 49,5 cm
Moskau, Staatliche Tretjakow Galerie

kurzen, aber fruchtbaren Zusammenarbeit zwischen Kandinsky und der Moskauer Gruppe. So lud Kandinsky 1910 die Gebrüder Burljuk ein, an der zweiten Ausstellung des NKVM teilzunehmen, wie auch an der ersten und zweiten Ausstellung des „Blauen Reiter", zu der auch Gontscharowa und Larionow eingeladen waren. Er selbst stellte 1911 und 1912 im „Karo Bube" in Moskau aus. Im Almanach des „Blauen Reiter" war außerdem die moderne russische Kunst mit Texten und Reproduktionen gut vertreten.

Höhepunkt der Rezeption Kandinskys im vorrevolutionären Russland war sicherlich der Vortrag der russischen Fassung der Schrift „Über das Geistige in der Kunst" im Dezember 1911 auf dem Zweiten Allrussischen Künstlerkongress in Petersburg. Die schließlich 1914 publizierte russische Übersetzung machte Kandinskys Kunstprogramm einem weiten Leserkreis zugänglich. Die darin vertretenen Argumente zur Ausdruckskraft der bildnerischen Elemente bildeten die Grundlage für Kandinskys weitere pädagogische Tätigkeit in Russland und später am Bauhaus. In der russischen Ausgabe war außerdem ein geometrisches Diagramm abgebildet, das die Wechselbeziehung der verschiedenen Grundformen und Grundfarben demonstrierte. Die wahrnehmungspsychologische und farbtheoretische Untersuchung dieser Beziehungen stellte Kandinsky in den Mittelpunkt seiner Kunstdidaktik an den russischen Kunstinstituten und am Bauhaus.

Doch wie weit entfernt Kandinskys Anliegen einer abstrakt-emotiven Farben-Malerei von den radikaleren Bestrebungen der russischen Avantgarde war, zeigte das im Dezember 1912 veröffentlichte futuristische Manifest „Eine Ohrfeige dem öffentlichen Geschmack". Kandinsky hatte sich nach der Lektüre über die Aufnahme von vier Gedichten aus seinem Band *Klänge* bei den Herausgebern, unter anderem den Burljuks und Majakowski, beschwert. Tatsächlich stimmten die spätsymbolistischen, an den von Kandinsky bewunderten Schriftsteller Maurice Maeterlinck angelehnten Gedichte kaum mit dem provokativen Ton des Manifests überein, das auf eine Ablehnung jeder romantischen oder sakralen Kunstauffassung hinauslief. Kandinskys Interesse an Okkultismus, Theosophie und Religion im weitesten Sinne, wie es auch in der Schrift „Über das Geistige in der Kunst" zum Ausdruck kommt, musste ihn zwangsläufig von den russischen Avantgardisten entfremden. Bezeichnend für die wachsende Ablehnung und Isolierung Kandinskys im Kreis der neuen Formalisten wie Iwan Kljun, El Lissitzky, Alexander Rodtschenko und Kasimir Malewitsch, war die Kritik Nikolaj Punins an Kandinsky anlässlich der „Ausstellung moderner russischer Malerei" in Petrograd (Sankt Petersburg): „Nicht nur ich glaube an die absolute, tiefe Ernsthaftigkeit dieses Malers. Ich glaube auch, dass dieser Mann Talent hat. Gleichwohl sind Kandinskys künstlerische Leistungen unerheblich. Solange sich sein Werk in den Sphären des unvermischten Spiritualismus bewegt, vermittelt er gewisse Empfindungen, sobald er aber in der ‚Sprache der Dinge' zu sprechen beginnt, wird er nicht nur ein schlechter Handwerker (Zeichner, Maler), sondern einfach ein vulgärer und überaus mittelmäßiger Künstler." In Punins Einschätzung, die von den avantgardistischen Künstlern geteilt wurde, steckt ein Körnchen Wahrheit – obgleich sie natürlich letztlich aus einem ideologischem Widerstand resultiert –, wie ein Blick auf die Bilder Kandinskys aus dieser Periode zeigt.

Zunächst aber schien sich für Kandinsky das Leben durch die Begegnung mit Nina de Andreewsky, Tochter eines Generals, die er am 11. Februar 1917 heiratete, aufzuhellen. An Gabriele Münter, die er anlässlich ihrer Ausstellungen bei Gummeson in Stockholm 1916 zum letzten Mal wiedergesehen hatte, schrieb er einen

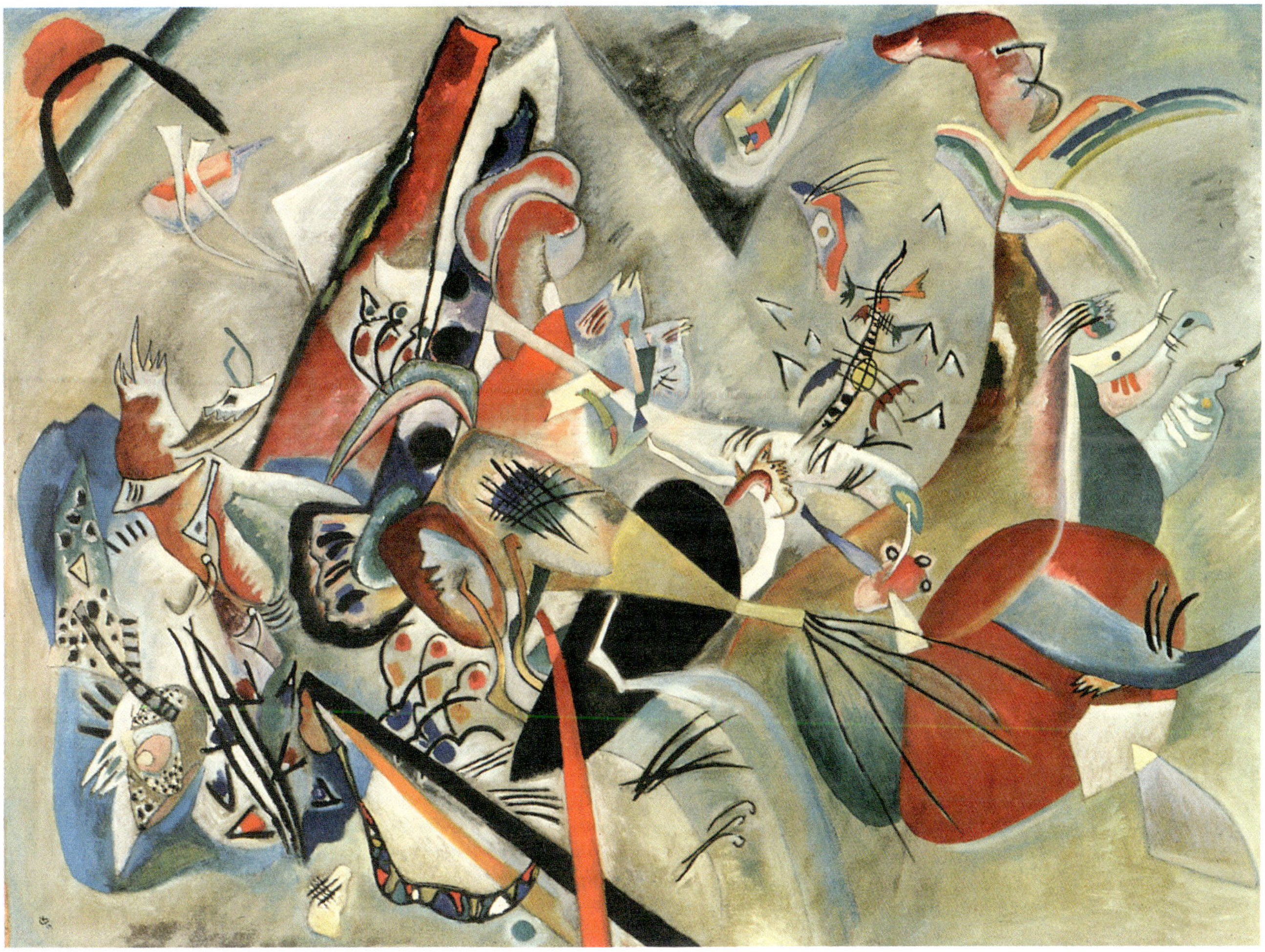

Im Grau, 1919
Öl auf Leinwand, 129 x 176 cm
Paris, Musée national d'art moderne, Centre Georges Pompidou

begeisterten Brief: „Ich fühlte mit einmal, dass mein alter Traum sich der Verwirklichung nähert. Du weißt, dass dieser Traum war, ein großes Bild zu malen, dessen Sinn die Freude, das Glück des Lebens oder des Universums sein muss. Auf einmal fühle ich Harmonie der Farben und Formen, die von dieser Welt der Freude sind."

Vielleicht meinte Kandinsky damit das große Ölbild *Moskau I* (Abb. S. 54), eines der interessantesten Gemälde aus dieser nicht gerade fruchtbaren Periode. Im Aufbau ähnelt es dem schon besprochenen Bild *Kleine Freuden* (Abb. S. 42), mit dem Unterschied, dass die Landschaft hier von Hochhäusern, Brücken, Kuppeln und Kirchen verdrängt ist. Wie auch schon in dem Frühwerk *Das bunte Leben* (Abb. S. 8) scheint Kandinsky hier alle Bereiche des Lebens ansprechen zu wollen, religiöse und weltliche Aspekte, Tod und Glauben an ein Leben danach. Die hoffnungsvollen, optimistischen Aspekte überwiegen jedoch in dieser Zeit, was sich an den naiven, bunten Farben genauso ablesen lässt wie an dem Pärchen in der Bildmitte, das wie in einer Gloriole aufgehoben scheint, im Übrigen eine Reminiszenz an das Paar in *Improvisation Klamm* (Abb. S. 53) aus dem Jahre 1914. Kandinsky nähert sich stilistisch wieder seinem Frühwerk an; es herrschen warme, bunte Farben in abgesetzten Strichen vor sowie eine märchenhafte, halb gegenständliche Szenerie. Ähnlich optimistisch bis naiv wirken auch die anderen Bilder dieser Jahre, die Biedermeierszenen darstellen. Vielleicht wollte Kandinsky nach den „Katastrophenbildern" des „Blauen Reiter", die sich auf makabre Weise

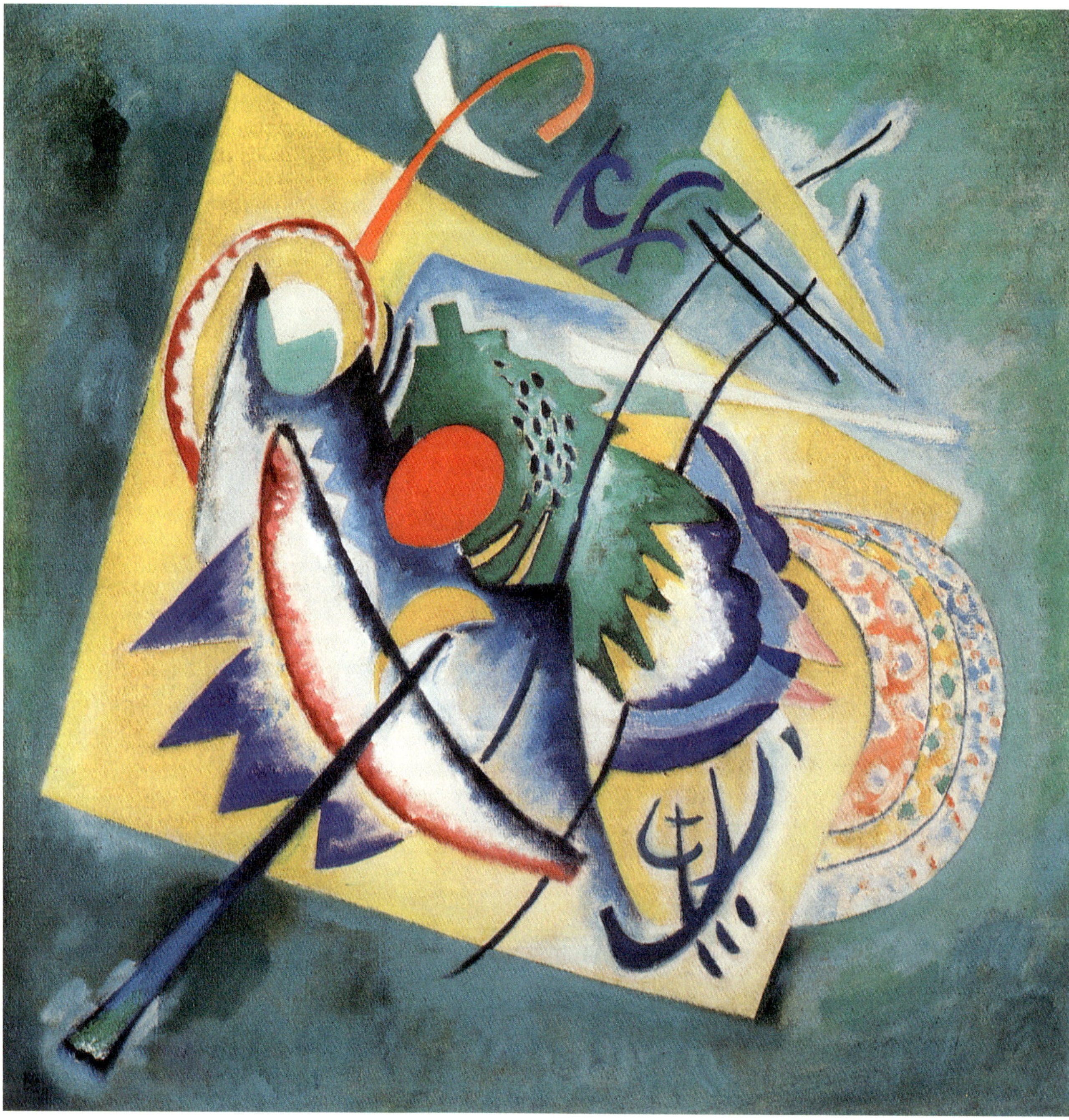

und so gar nicht in Kandinskys Sinn bewahrheitet hatten, eine hoffnungsvolle, freudige Zukunftsvision setzen, eine Art „Paradies auf Erden", wie es die neuen revolutionären Kräfte versprachen. Kandinsky wechselt jedenfalls in der Krisenzeit der Revolutionsjahre ständig zwischen einem erschlafften abstrakten Idiom, spätimpressionistischen Landschaften und naiv-romantischen Fantasiebildern.

Bei den abstrakten Bildern wird jedoch ein zunehmender Zug zur Geometrisierung einzelner Bildelemente sichtbar, der zum einen auf Kandinskys eigenen Klärungsprozess zurückzuführen ist, zum anderen aber sicher auch auf das avantgardistische Kunstklima in Moskau, das vom Konstruktivismus und Suprematismus bestimmt wurde. In dem Aquarell *Lineare Farb-Komposition* aus dem Jahre 1920 wirkt die Beziehung zwischen den beiden Elementen, Farbe und Form, nicht zwingend, eher beliebig und spielerisch. Eine deutlichere Antwort auf die Kunst seiner russischen Kollegen ist dagegen in dem Bild *Rotes Oval* (Abb. S. 58) zu bemerken. Das bildbeherrschende Zentrum besteht aus einem gelben Trapezoid, einer vielschichtig räumlich wirkenden Form, die besonders in den gleichzeitig entstehenden Bildern der Suprematisten Verwendung fand. Kandinsky setzt diese Fläche jedoch gegen einen reich modulierten grünen Hintergrund ab und schafft so einen eigentümlich atmosphärisch wirkenden Raum, der im völligen Gegensatz zu der Klarheit und Flächigkeit suprematistischer Bilder steht. Außerdem befindet sich auf der gelben Form verstreut ein Vokabular von Punkten, Tupfern, Linien und Flächen, das er in dieser Zeit im Rahmen seiner kunstpädagogischen Tätigkeit erforscht. Als Anspielung auf seine Münchner Formsprache ist auch der „Bootsrumpf" und das ins grüne Umfeld ragende „Ruder" links zu verstehen.

Solche und andere Arbeiten der sowjetischen Periode lassen die Kraft und Entschiedenheit der Münchner Jahre deutlich vermissen. Trotz der künstlerischen Flaute und Isolierung wurde Kandinsky aber in die kulturpolitische Entwicklung nach der Revolution einbezogen. In den Jahren 1918 bis 1921 wirkte er auf den Gebieten der Kunstpädagogik und Museumsreform in einer Organisation namens IZO (Abteilung für bildende Künste) des NARKOMPROS (Volkskommissariat für kulturelle Bildung) mit, veröffentlichte zwischen 1919 und 1920 sechs längere Aufsätze, arbeitete an einer „Selbstcharakteristik" und begann mit der Herausgabe des ersten Bandes einer Enzyklopädie der bildenden Kunst, die allerdings nie erschien. Als Sachverständiger der staatlichen Ankaufskommission des „Museums für Malkultur", das in vielen russischen Städten Zweigstellen errichten sollte, war er außerdem zuständig für die Auswahl und Verteilung der Arbeiten. Den größten Einfluss übte Kandinsky jedoch als Leiter einer Werkstatt in den Moskauer SVOMAS (Freie Staatliche Kunstwerkstätten) aus. Während seiner im Oktober 1918 aufgenommenen Lehrtätigkeit konzipierte er einen speziellen Lehrplan, der auf der Analyse von Farbe und Form beruhte, also eine Weiterführung seiner in „Über das Geistige in der Kunst" geäußerten Gedanken bedeutete. Im Zusammenhang mit dieser Tätigkeit stand auch die Organisation und Leitung des Moskauer Instituts für künstlerische Kultur (INChUK). Auch Kandinskys Lehrplan für das INChUK basierte zum Teil auf seinen früheren Ideen einer Wechselbeziehung zwischen Malerei und Musik und der Analyse der elementaren Formen und Farben. Gerade hier aber schieden sich die Geister des Kollegiums, das aus den führenden russischen Künstlern bestand. Seine Gegenspieler Rodtschenko, Stepanowa und Popowa betonten mehr die präzise Analyse der Materialien, deren konstruktive Anordnung und bewusste Gestaltung. Jedes irrationale Element im kreativen Prozess lehnten sie aufs schärfste ab. Kurz nach der Gründung des INChUK verließ Kandinsky das Institut, um

Rotes Oval, 1920
Öl auf Leinwand, 71,5 x 71,5 cm
New York, The Solomon R. Guggenheim Museum

1921 einen Lehrplan für die physiopsychologische Abteilung der RAChN (Russische Akademie für Kunstwissenschaften) zu konzipieren; da er Ende 1921 nach Berlin übersiedelte, wurde dieser Plan nie vollständig ausgearbeitet.

Trotz der wachsenden Widerstände konnte Kandinsky in der Zeit von 1917 bis 1921 seine Kunst und Kunsttheorie einer großen Öffentlichkeit zugänglich machen. Seine Lehrpläne und Unterrichtsmethoden, die er am INChUK ausprobiert hatte, nahm er ans Bauhaus mit, wo sie zu einem wesentlichen Bestandteil seiner Kunstlehre wurden. Kandinsky konnte in diesen Jahren an sieben Ausstellungen teilnehmen, zahlreiche Vorträge halten und Aufsätze zu Grundsatzfragen der Malerei veröffentlichen. Erst nach 1922 begann die Einflussnahme der bolschewistischen Partei im Hinblick auf die Funktion und den Zweck der Kunst, die in den Sozialistischen Realismus mündete. Kandinskys Bilder wurden wieder aus den Museen entfernt, sein Werk nicht mehr in der Sowjetunion gezeigt, was sich erst 1989 mit einer großen sowjetischen Retrospektive wieder änderte.

Ausschlaggebend für Kandinskys Weggang waren aber wohl die ständigen Anfeindungen seiner Künstlerkollegen, die in seinen Werken nur „spiritistische Missbildungen" (Punin) sahen. Die zunehmende Geometrisierung in Kandinskys Bildern wird man kaum von den gleichzeitig entstehenden suprematistischen und konstruktivistischen Werken ableiten können. Die Unterschiede betreffen ja nicht nur die andersartige Formsprache, sondern vor allem den kunsttheoretischen Überbau. Der expressive Duktus, den Kandinsky seinen Formanalysen gab, trennte ihn deutlich von den russischen Konstruktivisten. Bezeichnend für diese Haltung ist eine spätere Äußerung Kandinskys: „Das Zusammentreffen des spitzen Winkels eines Dreiecks mit einem Kreis ist von nicht geringerer Wirkung als die Berührung zwischen dem Finger Gottes und Adams bei Michelangelo."

In Kandinskys Bildern dieser Jahre klärt sich die aufgewühlte, grelle Farben- und Formenwelt zu einer kühlen, mehr rational orientierten Komposition aufgrund der stärkeren Formanalyse, die er nicht zuletzt an den russischen Kunstwerkstätten erproben konnte. In einer Umfrage hat sich Kandinsky schließlich ebenfalls energisch gegen seine konstruktivistischen Widersacher abgegrenzt: „Wenn ein Künstler ‚abstrakte' Mittel anwendet, so heißt das noch nicht, dass er ein ‚abstrakter' Künstler sei. Das heißt sogar noch nicht einmal, dass er ein Künstler sei. Und wie es genügend tote Dreiecke gibt (seien sie weiß oder grün), so gibt es nicht weniger tote Hähne, tote Pferde und tote Gitarren. Man kann ebenso leicht ein ‚realistischer Akademiker' wie ein ‚abstrakter Akademiker' sein. Die Form ohne Inhalt ist nicht eine Hand, sondern ein leerer Handschuh, gefüllt mit Luft."

Weißer Strich, 1920
Öl auf Leinwand, 98 x 80 cm
Köln, Museum Ludwig

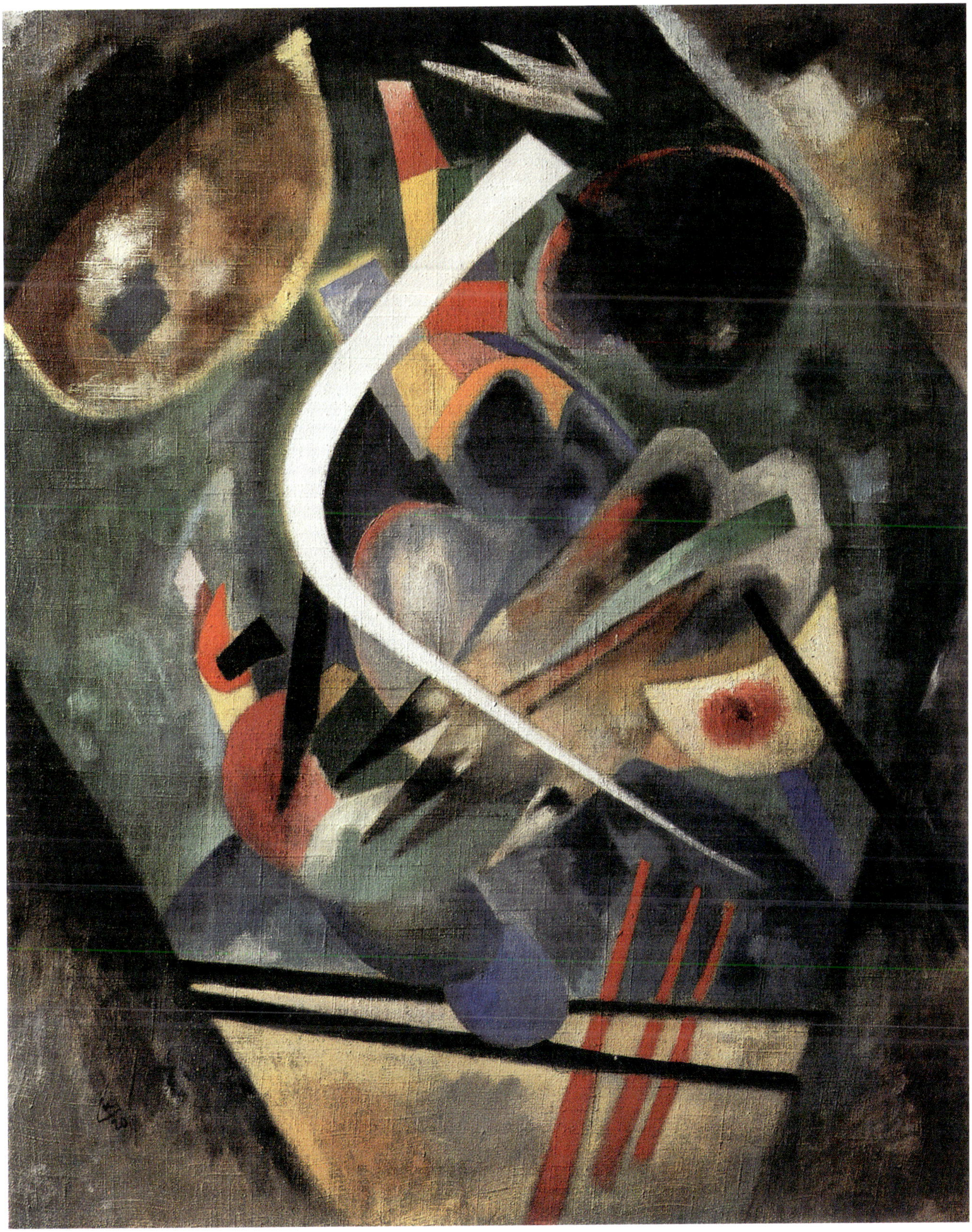

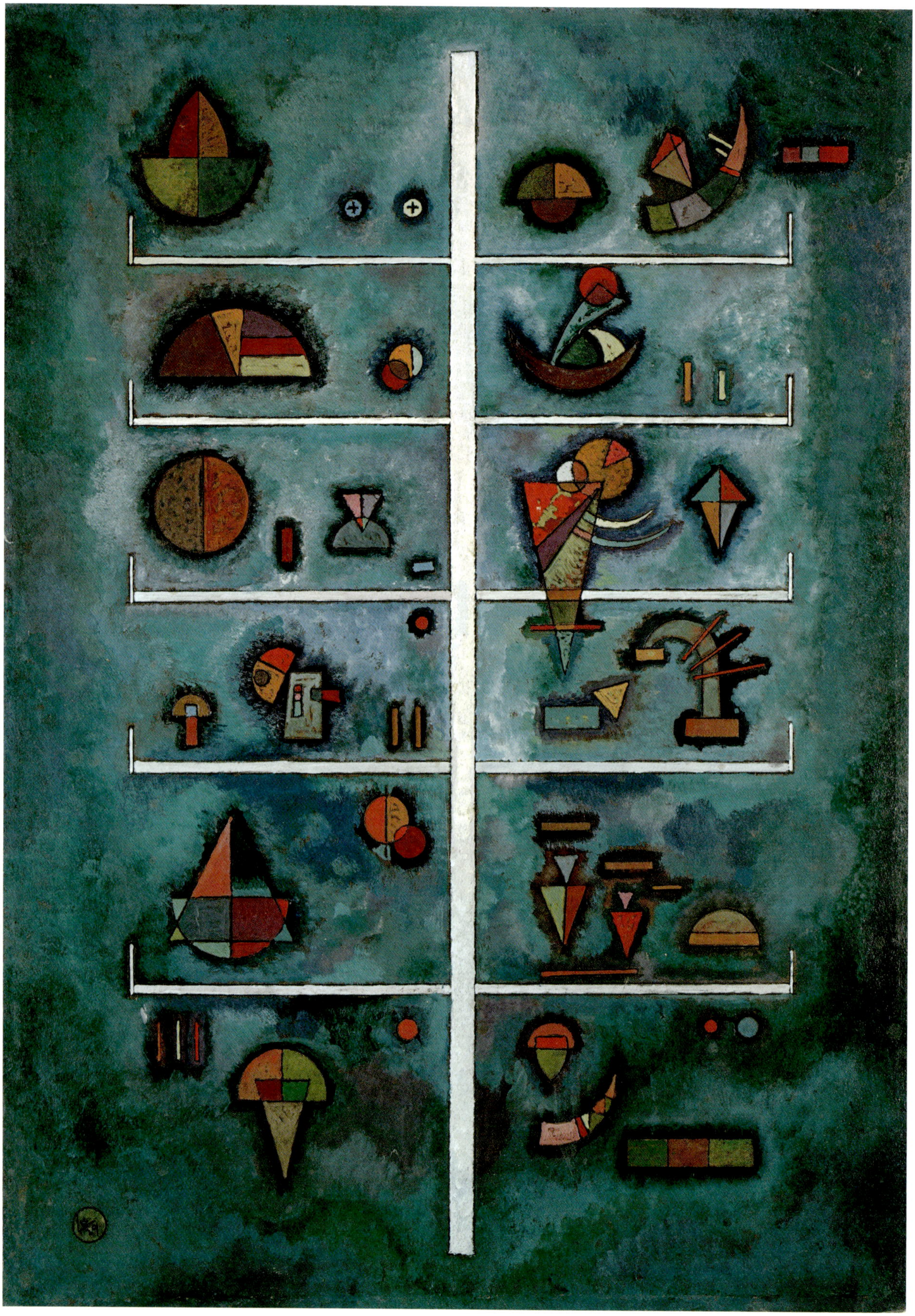

Punkt und Linie zu Fläche: Kandinsky am Bauhaus

1922–1933

Die Rückkehr nach Deutschland, zunächst nach Berlin, vollzog sich unter schwierigen Bedingungen. Kandinsky konnte nur wenige Bilder mitnehmen, und die in Deutschland der Obhut von Walden anvertrauten Bilder waren fast alle zu äußerst niedrigen Preisen verkauft worden. Das Geld war außerdem durch die Inflation entwertet. Ähnlich wie in Moskau war Kandinsky zunächst auch in Berlin sehr isoliert. Seine früheren Freunde waren entweder tot, wie Marc und Macke, die im Krieg gefallen waren, oder lebten in anderen Städten. Paul Klee und Lyonel Feininger unterrichteten bereits am Bauhaus in Weimar. Die Kunstszene in Berlin war vorrangig von der Neuen Sachlichkeit, von Expressionismus und Dada bestimmt, Kunstrichtungen, die in Opposition zur abstrakten Malerei standen. Von einer politisch engagierten Kunst hatte Kandinsky bereits in Moskau Abstand genommen. An einer neuerlichen Konfrontation mit seinen russischen Kollegen nahm Kandinsky mit gemischten Gefühlen teil: An der „1. Russischen Kunstausstellung", die Anfang 1922 in der Galerie van Diemen in Berlin veranstaltet wurde. So wichtig diese Ausstellung für die konstruktivistische Gruppe und andere sowjetische Künstler war, so veränderte sie nicht Kandinskys Position. Er stand als Einzelgänger zwischen all den radikalen Stilen, die er als „formalistisch" oder „ideologisch" ablehnte. Um so mehr begrüßte Kandinsky das Angebot von Walter Gropius, dem Gründer des Bauhauses, nach Weimar zu kommen.

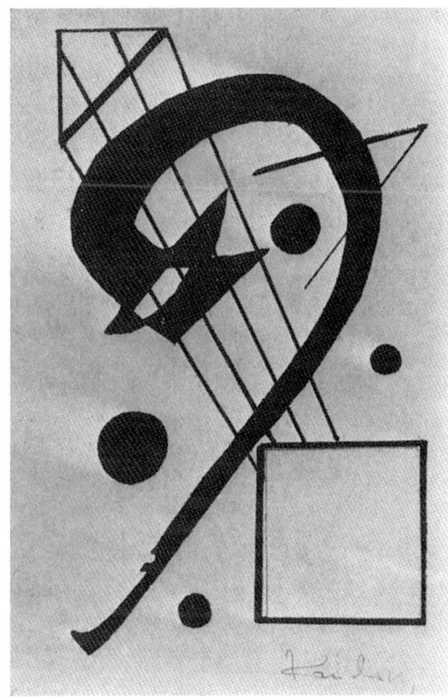

Drachenfest, 1922
Holzschnitt, 15,6 x 10,5 cm

Wie eine letzte Reminiszenz an die Moskauer Zeit, aber auch schon in Anbetracht neuer Aufgabenstellungen, entwarf Kandinsky kurz vor seiner Abreise für die „Juryfreie Kunstausstellung Berlin" vier Wandbilder. Besonders das *Wandbild B* (Abb. S. 64) ruft noch einmal eine Formenwelt in Erinnerung, die Kandinsky aus der Münchner „Geniezeit" nach Moskau mitgebracht hatte, deren hohe emotionale Spannung er aber nicht mehr halten konnte. In der Technik, Tempera auf schwarzem Grund, knüpfte Kandinsky an sein Münchner Frühwerk an. Der Entwurf der Wandbilder gab ihm wieder einmal Gelegenheit, sein Konzept der Synthese aller Künste in eine freie Gestaltung umzusetzen. Diese seit den Tagen des „Blauen Reiters" mitgeführte Vorstellung einer gemeinsamen Grundlage der Künste musste Kandinsky auch in die geistige Nähe zumindest der expressionistischen Frühphase des Bauhauses bringen. Die 1919 von dem Architekten Walter Gropius ins Leben gerufene neuartige Kunsthochschule hatte sich zum Ziel gesetzt, freie und angewandte Kunst zu einer gemeinsamen

Etagen, 1929
Öl auf Karton, 56 x 41 cm
New York, The Solomon R. Guggenheim Museum

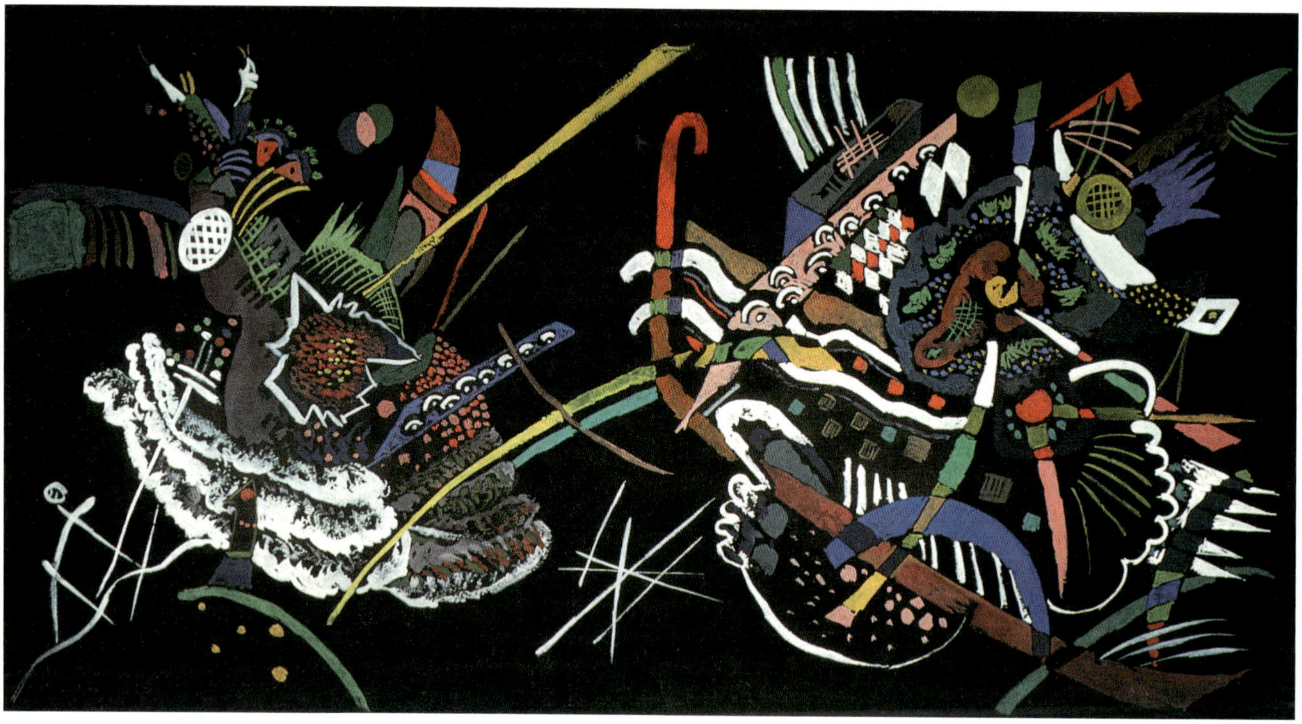

Entwurf für das ***Wandbild in der Juryfreien Kunstschau, Wand B,*** 1922
Gouache auf schwarzem Papier, aufgezogen auf Karton, 34,7 x 60 cm
Paris, Musée national d'art moderne, Centre Georges Pompidou

qualitätsbewussten wie zeitbezogenen Arbeit zusammenzuführen. In dem Gründungsmanifest von 1919 heißt es: „Das Endziel aller bildnerischen Tätigkeit ist der Bau! Architekten, Maler und Bildhauer müssen die vielgliedrige Gestalt des Baues in seiner Gesamtheit und in seinen Teilen wieder kennen und begreifen lernen, dann werden sie von selbst ihre Werke wieder mit architektonischem Geist füllen, den sie in der Salonkunst verloren. Bilden wir eine neue Zunft der Handwerker ohne die klassentrennende Anmaßung, die eine hochmütige Mauer zwischen Handwerkern und Künstlern errichten wollte! Wollen, erdenken, erschaffen wir gemeinsam den Bau der Zukunft, der alles in einer Gestalt sein wird: Architektur und Plastik und Malerei (…)".

Für die Ausbildung der Studenten rief Gropius einige der modernsten und profiliertesten Künstler an das Bauhaus in Weimar, unter anderen Lyonel Feininger, Johannes Itten, Gerhard Marcks, Lothar Schreyer, Georg Muche, Oskar Schlemmer, Paul Klee und schließlich 1922 Kandinsky für die Werkstatt für Wandmalerei. Wichtiger war aber zunächst der Auftrag, einen Formlehrekurs abzuhalten, für den auch Klee verpflichtet worden war. Hier konnte Kandinsky wieder in altem pädagogischen Elan tätig sein, seine früheren Ideen aufgreifen und weiterentwickeln. Das betraf vor allem die verstärkte analytische Untersuchung der einzelnen Bildelemente, wie er sie dann 1926 in seiner Schrift „Punkt und Linie zu Fläche" vorlegte.

In seinem Bauhaus-Unterricht stützte sich Kandinsky zum Teil auf das von ihm verfasste INChUK-Programm, bezog aber auch neue Erkenntnisse der aufkommenden Gestaltpsychologie mit ein. In seiner Farbenlehre betonte er die von Goethe übernommene Polarität von Gelb und Blau und erweiterte sie um einige Charakterisierungen, die aus seinen theosophischen und okkulten Studien der Vorkriegszeit stammten. Der zweite Gegensatz besteht für Kandinsky zwischen Schwarz und Weiß, der dritte zwischen Grün und Rot. Neben den schon bekannten symbolischen Zuordnungen zu den Farben und der Unterteilung in

Kleine Welten III, 1922
Farblithografie, 27,8 x 23 cm
München, Städtische Galerie im Lenbachhaus

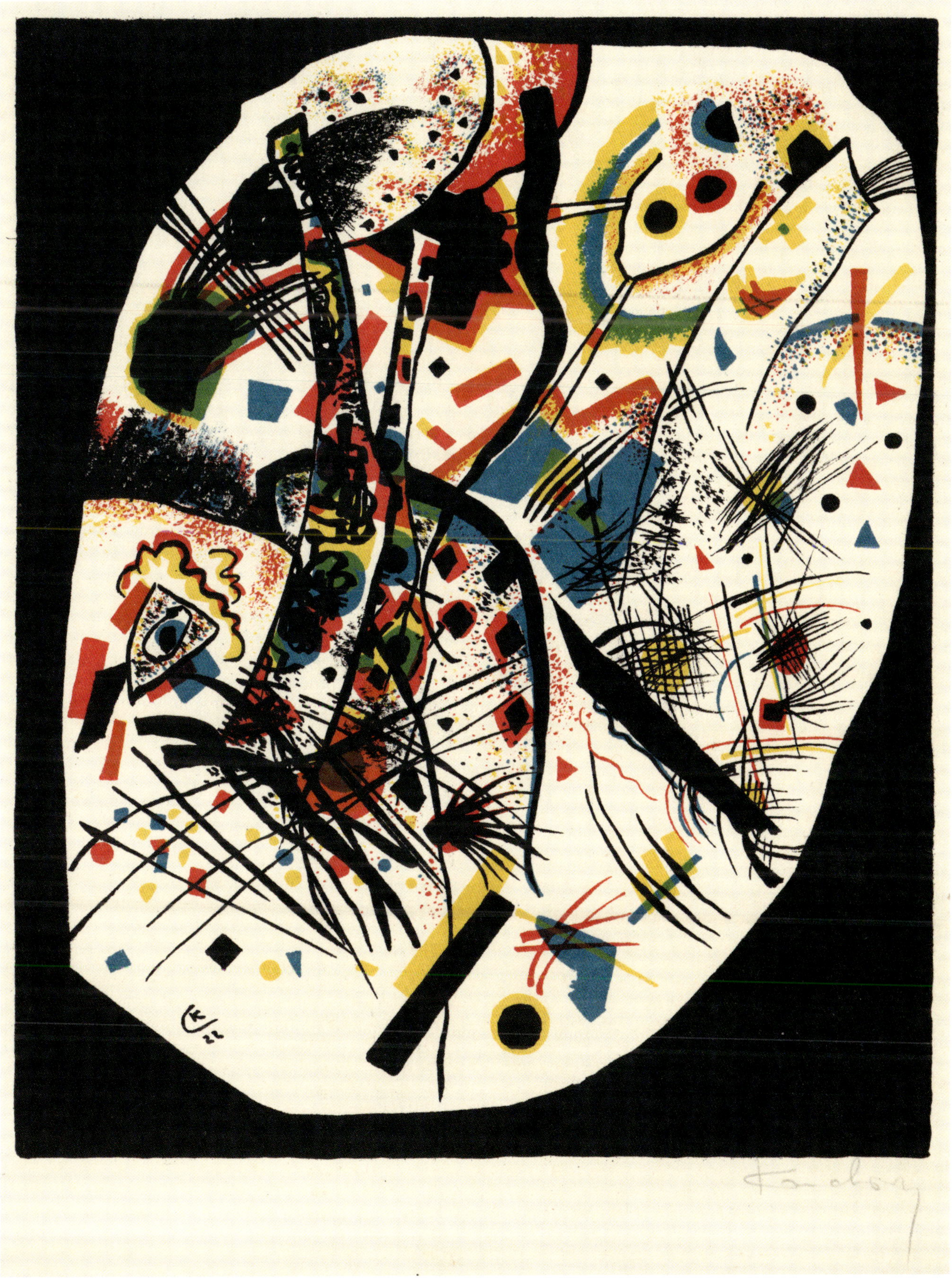

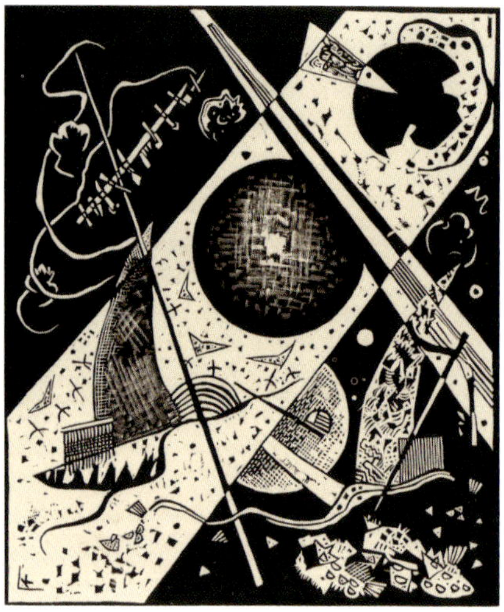

Kleine Welten VI, 1922
Holzschnitt, 27,1 x 23,3 cm
München, Städtische Galerie
im Lenbachhaus

„vier Hauptklänge" zwischen Warm-Kalt und Hell-Dunkel geht Kandinsky in seiner Bauhaus-Farbenlehre stärker auf die physikalischen Grundlagen der Farbenordnung ein und erforscht vor allem den Farbendreiklang Gelb-Blau-Rot. Im Zusammenhang mit seiner Arbeit in der Werkstatt für Wandmalerei beschäftigte er sich auch verstärkt mit den Farbmaterialien und den verschiedenen Bindemitteln. Bei den häufig im Unterricht verwendeten tabellarischen Grundmustern konnte er auf die Vorarbeiten von Ittens Farbenlehre zurückgreifen, die dieser im Rahmen seines Vorkurses unterrichtete (s. Farbenschema von Eugen Batz, Abb. S. 70).

Im Wesentlichen neu ist jedoch die Formenlehre, die von der Analyse einzelner Elemente wie Punkt, Linie und Fläche ausgeht und dann deren Beziehungen zueinander untersucht. Kandinskys Untersuchungen der Kräfteeinwirkungen auf gerade Linien, die zu den gegensätzlichen Klängen gebogener und eckiger Linien führen, gehen einher mit den gleichzeitigen Forschungen der Gestaltpsychologie, die auch am Bauhaus diskutiert wurden. In einem letzten Teil geht es Kandinsky dann um die Zuordnung von Farben zu Formen und zu anderen linearen Elementen, die er durch systematische, analytische Aufgabenstellungen zu erhärten versucht. Allerdings unterliegt die Zusammenstellung der Grundformen und Grundfarben, wie sie Kandinsky lehrte, wohl mehr der subjektiven Einschätzung als objektiv feststellbaren Gesetzmäßigkeiten. Kandinskys Konzept

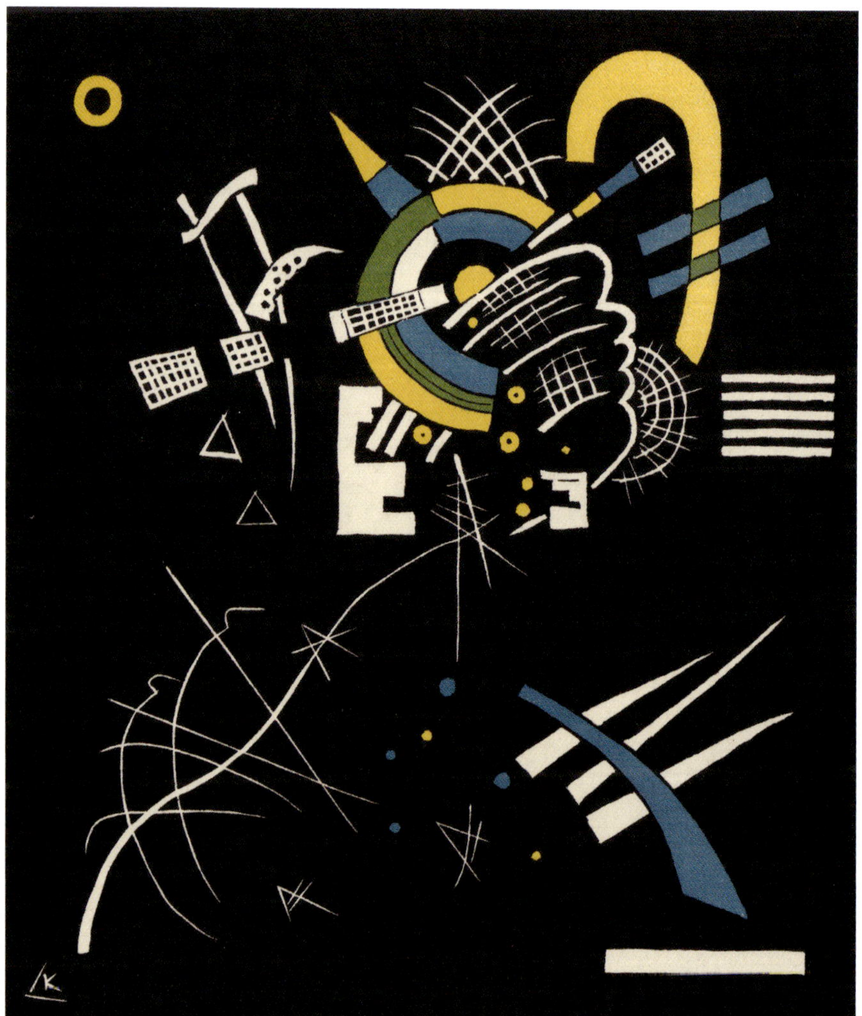

Kleine Welten VII, 1922
Farbholzschnitt, 27,1 x 23,3 cm
München, Städtische Galerie
im Lenbachhaus

der „Korrespondenzen“ zwischen Farben und Formen beruht auf ähnlichen Überlegungen in seiner Schrift „Über das Geistige in der Kunst“, hat aber seinen Ursprung in den gänzlich unkonstruktiven mystischen Theorien der Symbolisten. Die einzige konsequente Anwendung dieser Zuordnung ist in Herbert Bayers Entwurf für das Treppenhaus des Bauhauses zu sehen.

Ein anderer Kurs befasste sich mit „Analytischem Zeichnen“; von Studenten aufgebaute „konstruktive“ Stilleben wurden in abstrakte lineare Zeichnungen umgesetzt. Wenn auch der Unterricht Kandinskys bei Weitem nicht so anregend und mitreißend war wie der von Itten, der einen sensationellen „Vorkurs“ einrichtete, aufgrund seiner mystisch-spirituellen Ausrichtung das Bauhaus aber 1923 wieder verlassen musste, oder seines Nachfolgers Josef Albers, so führte Kandinsky seinen Studenten doch mit großer Klarheit und Konsequenz die bildnerischen Grundlagen vor Augen, ohne die keine Gestaltung auskommt. Seine Bilder waren dementsprechend von dieser Strenge und Logik geprägt. Seine „kühle Periode“ hatte zwar schon in Moskau mit *Roter Fleck II* begonnen, doch erst unter der verstärkten rationalen Ausrichtung des Bauhaus-Programms, das nach der Entlassung Ittens einen funktional-technischen Kurs ansteuerte, und dem Zwang des analytischen Unterrichts entstanden seine rein konstruktiven Bilder. Außerdem befand sich das gesamte Bauhaus zwischen 1923 und 1925 im Sog einer universellen Sprache der Geometrie, hervorgerufen durch den stärker werdenden Einfluss der Suprematisten und Konstruktivisten. Nachfolger Ittens wurde zum Beispiel László Moholy-Nagy, der den Vorkurs in eine konstruktive Gestaltungslehre umfunktionierte.

Immer mehr treten einzelne geometrische Elemente in den Vordergrund der Gestaltung; die hitzige Farbigkeit der Münchner und auch Moskauer Bilder weicht einer kühl gestimmten, zuweilen disharmonisch wirkenden Farbgebung. Der Kreis als Sinnbild vollkommener Formgebung, aber auch als kosmisches Symbol steht im Mittelpunkt der Bilder dieser Phase.

Das Hauptwerk der Weimarer Zeit ist die große *Komposition VIII* (Abb. S. 72). Das geometrische Vokabular beschränkt sich auf wenige Elemente wie Kreis, Halbkreis, Winkel, gerade und gebogene Linien. Das beherrschende Kreiszentrum liegt links oben im Bild, umspielt von einigen anderen Epizentren farbiger Kreise. Schachbrettartige Gittermuster durchkreuzen den freien Flug der Kreise und Halbkreise, ohne sie ganz zu bremsen oder in Konfrontation zu treten. In dieser ambivalenten Schwebe zwischen allen Bildteilen liegt wohl der größte Unterschied zu Kandinskys früheren Bildern; waren diese von einem elementaren Drama zwischen Farben und Formen geprägt, so wirken die neuen Bilder intellektuell ausgeklügelt und spannungslos, im schlimmsten Fall wie ornamentale Exerzitien, vor denen Kandinsky früher immer gewarnt hatte. Erstaunlich fantasiereich sind dagegen die zwölf grafischen Blätter der *Kleinen Welten* (Abb. S. 65–67), die Kandinsky gleich nach seiner Ankunft in Weimar für den Propyläen-Verlag schuf. In wenigen Wochen entstanden vier farbige Lithos, vier Holzschnitte, zwei davon farbig, und vier Ätzradierungen, die eine Vielfalt von Techniken und Kompositionen enthalten. Während die Farben vor allem auf Gelb, Rot und Blau reduziert sind, experimentiert Kandinsky mit verschiedenen Kombinationen neuer Formelemente (Raster, Schachbrett, Kreis, Keilform) und in den Radierungen mit Tonwerten. *Kleine Welten III* (Abb. S. 65) wirkt wie ein Nachklang der Münchner Bilder. In den *Kleinen Welten* hat Kandinsky eine Art „Generalbass der Malerei“ ausprobiert, eine Grammatik der bildnerischen Elemente, wie er sie als Grundlage für ein neues Malereiverständnis am Bauhaus konzipierte. Neben diesen offiziellen Werken gibt es allerdings auch einige private,

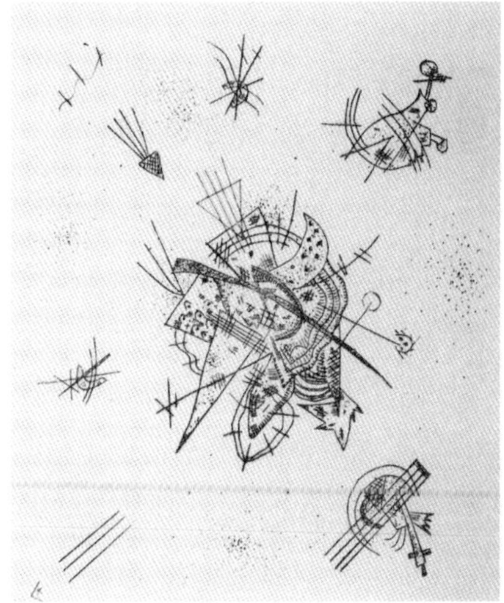

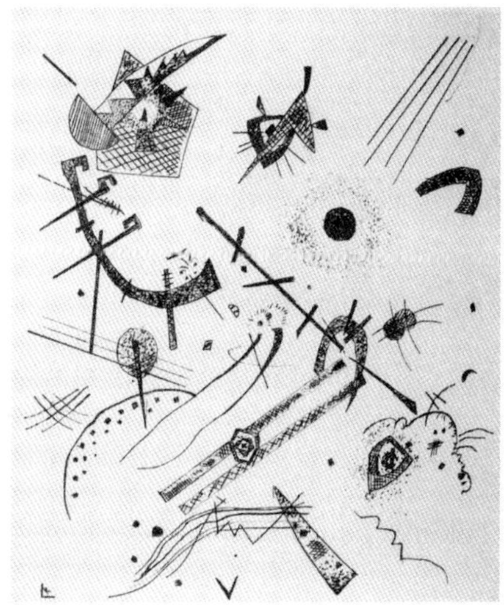

GANZ OBEN
Kleine Welten X, 1922
Kaltnadelradierung, 23,9 x 20 cm
München, Städtische Galerie
im Lenbachhaus

OBEN
Kleine Welten XI, 1922
Kaltnadelradierung, 23,9 x 20 cm
München, Städtische Galerie
im Lenbachhaus

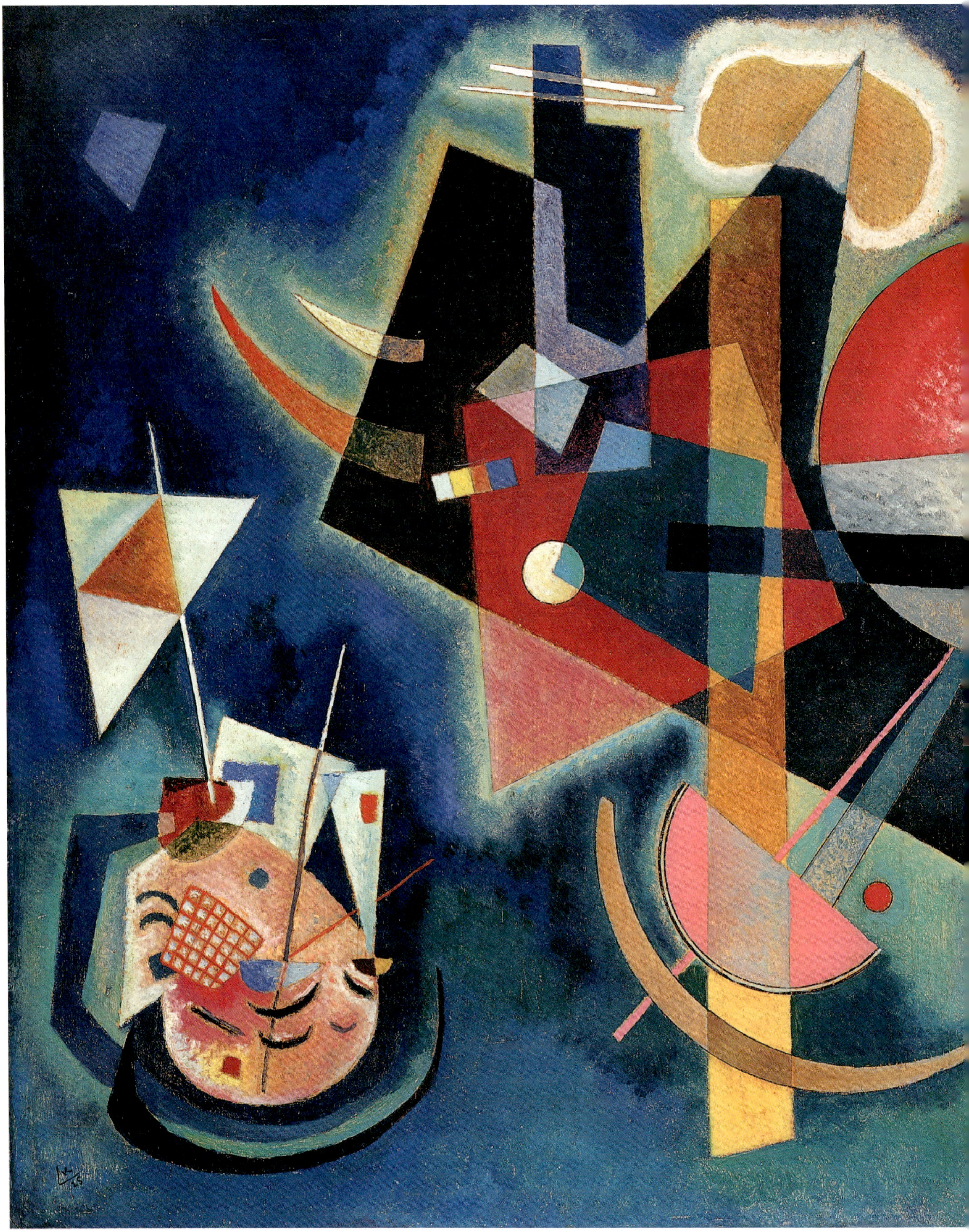

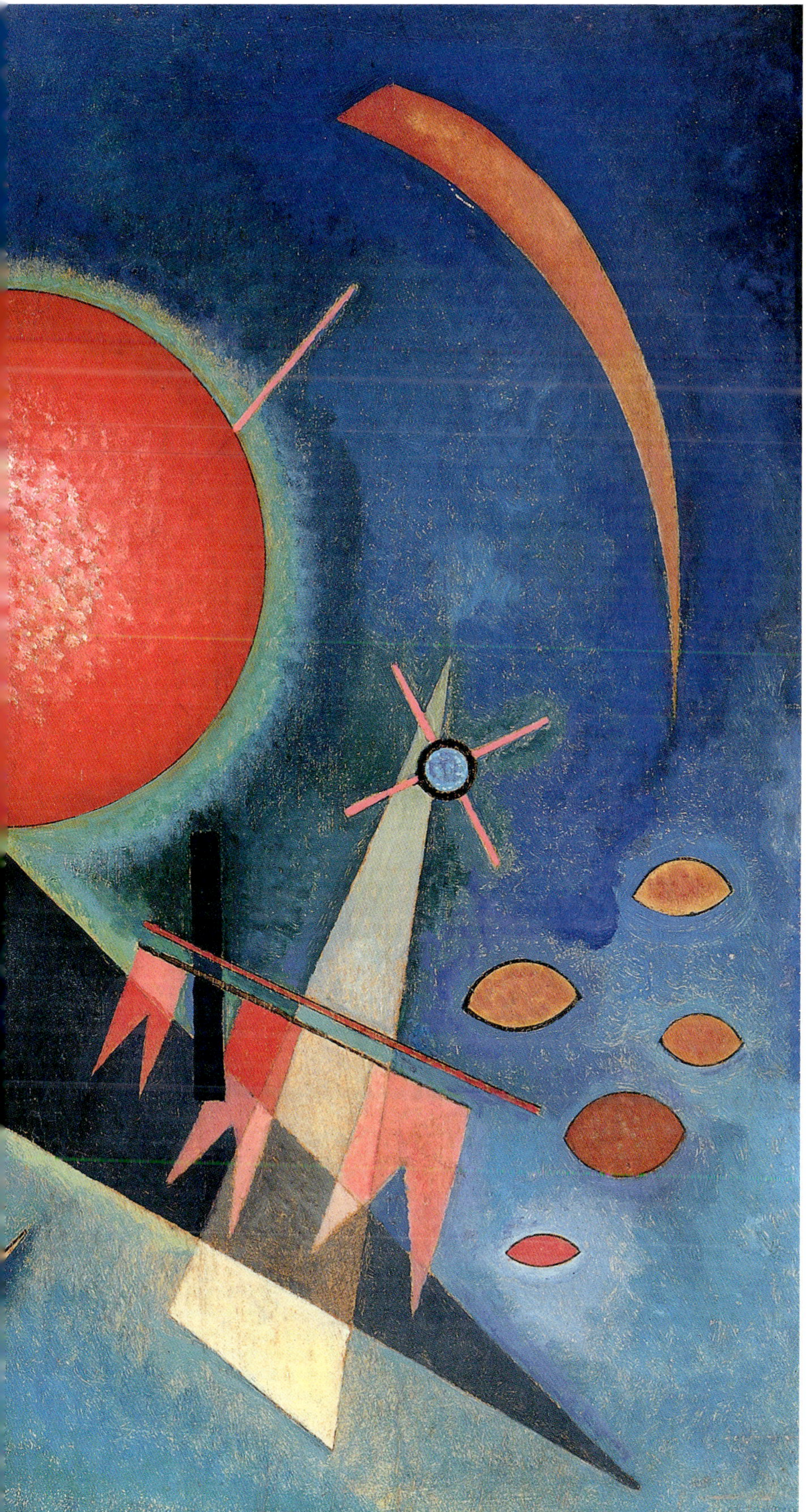

Im Blau, 1925
Öl auf Leinwand, 80 x 110 cm
Düsseldorf, Kunstsammlung
Nordrhein-Westfalen

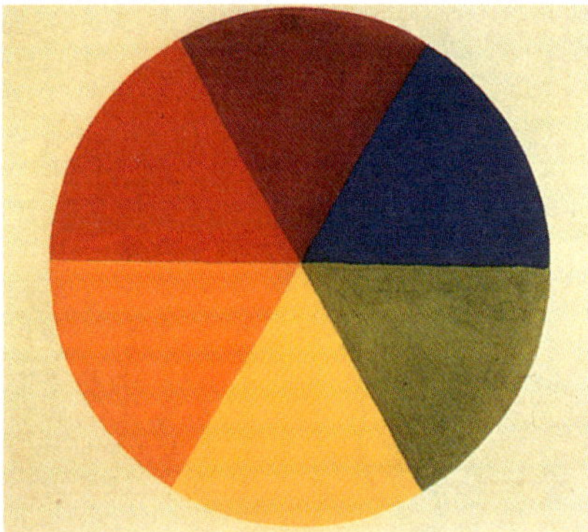

Eugen Batz
Sechsteiliger Farbkreis, 1930
Nachlass: Eugen Batz

„intimere" Bilder, etwa *Kleiner Traum in Rot* (Abb. S. 77), ein Geschenk für seine Frau, die beseelter und inspirierter wirken. *Kleiner Traum in Rot* besteht aus warmen, bräunlichen Farbtönen und leicht gegenständlich assoziierbaren Bildteilen. Die Grundzüge und Einzelelemente der Komposition sind der *Improvisation 24* aus dem Jahr 1912 entlehnt. Neben den Kursen entfaltete Kandinsky eine rege Vorlesungs- und Ausstellungstätigkeit, die ihn zusammen mit Feininger, Klee und Jawlensky als „Blaue Vier" bis in die USA führte.

Diese erste Phase des Bauhauses ging jedoch schon 1925 zu Ende, bedingt durch die Angriffe der rechtsgerichteten Parteien in Weimar. Die zweite Phase in Dessau begann unter wesentlich günstigeren Voraussetzungen. Es standen sogar Mittel für ein eigenes Lehrgebäude und die Meisterhäuser zur Verfügung. In einem Doppelhaus wohnten die Familien Klee und Kandinsky Wand an Wand. Beide Maler hatten sich bei Gropius die Einrichtung freier Malklassen erbeten, in denen sie neben dem analytischen Gestaltungsunterricht auch wieder verstärkt ihrer Malerei nachgehen konnten. Die beiden wichtigsten Bilder dieses unruhigen Jahres sind *Im Blau* (Abb. S. 68–69) und *Gelb-Rot-Blau* (Abb. S. 74–75). In Größe und Bedeutung nähert sich *Gelb-Rot-Blau* den großen Kompositionen. Die linke Hälfte des Bildes ist hell und leicht, grafisch und gradlinig, die rechte dunkler und schwerer, mit eher malerischen Einfällen, wie dem dunkelblauen Kreis und der gebogenen schwarzen Linie. Das „irdische" Gelb bedeutet Festigkeit, das „himmlische" Blau will nach rechts oben entschweben. Dieses Gegensatzpaar erinnert in seiner formalen und farblichen Konstellation an Kandinskys früheres Leitmotiv, den Kampf zwischen dem Heiligen Ritter und dem Drachen, der hier gänzlich formalisiert wieder aufzutauchen scheint.

Dieses Bild mag auch für Kandinskys neue Einstellung einer „kühlen Romantik" stehen, welche die konstruktiven Kompositionen der Bauhaus-Bilder durchziehen soll: „Der Kreis, den ich die letzte Zeit so viel verwende, kann manchmal nicht anders denn als ein romantischer bezeichnet werden. Und die kommende Romantik ist tatsächlich tief, schön, inhaltsvoll, beglückend – sie ist ein Stück Eis, in dem eine Flamme brennt. Wenn die Menschen nur das Eis spüren und die Flamme nicht, desto schlimmer für sie."

Das wohl schönste Beispiel für diesen Gedanken ist das Bild *Einige Kreise* (Abb. S. 71); um ein dunkelblaues Kreiszentrum, das wie bei einer Mondfinsternis von einem anderen schwarzen Kreis zum Teil überlagert wird, schweben kleinere und größere Kreise in leuchtenden Farben vor einem dunkelbraunen Grund. Durch die Überschneidungen einiger transparenter Kreise entstehen neue, fein differenzierte Farbtöne. Das neue Gestaltungsmittel der Transparenz hatte Kandinsky am Bauhaus durch die Glasbilderwerkstatt und vor allem durch die Lichtexperimente von Ludwig Hirschfeld-Mack kennengelernt, von denen auch Klee in seinen Bildern profitierte.

Die äußerliche Veränderung des Bauhauses war auch mit einer finanziellen Konsolidierung einhergegangen. Die neu gegründete Bauhaus GmbH sorgte für die geschäftliche Verwertung der Produktion der Möbelwerkstatt, der Leuchten, der Typografie. Den größten Erfolg hatten später die Bauhaus-Tapeten. In der Textilabteilung von Gunta Stölzl wurden neue synthetische Fasern ausprobiert. Das Bauhaus begann sich immer stärker auf die industrielle Fertigung einzustellen. Die Werkstatt für Wandmalerei wurde in Dessau von Hinnerk Scheper übernommen, der den Schwerpunkt, im Unterschied zu Kandinskys monumentaler Wandmalerei, auf Probleme der farbigen Bau- und Raumgestaltung legte. Obwohl Kandinsky von 1922 bis 1925 diese Werkstatt geleitet hatte, konnte er seine Ziele nicht durchsetzen.

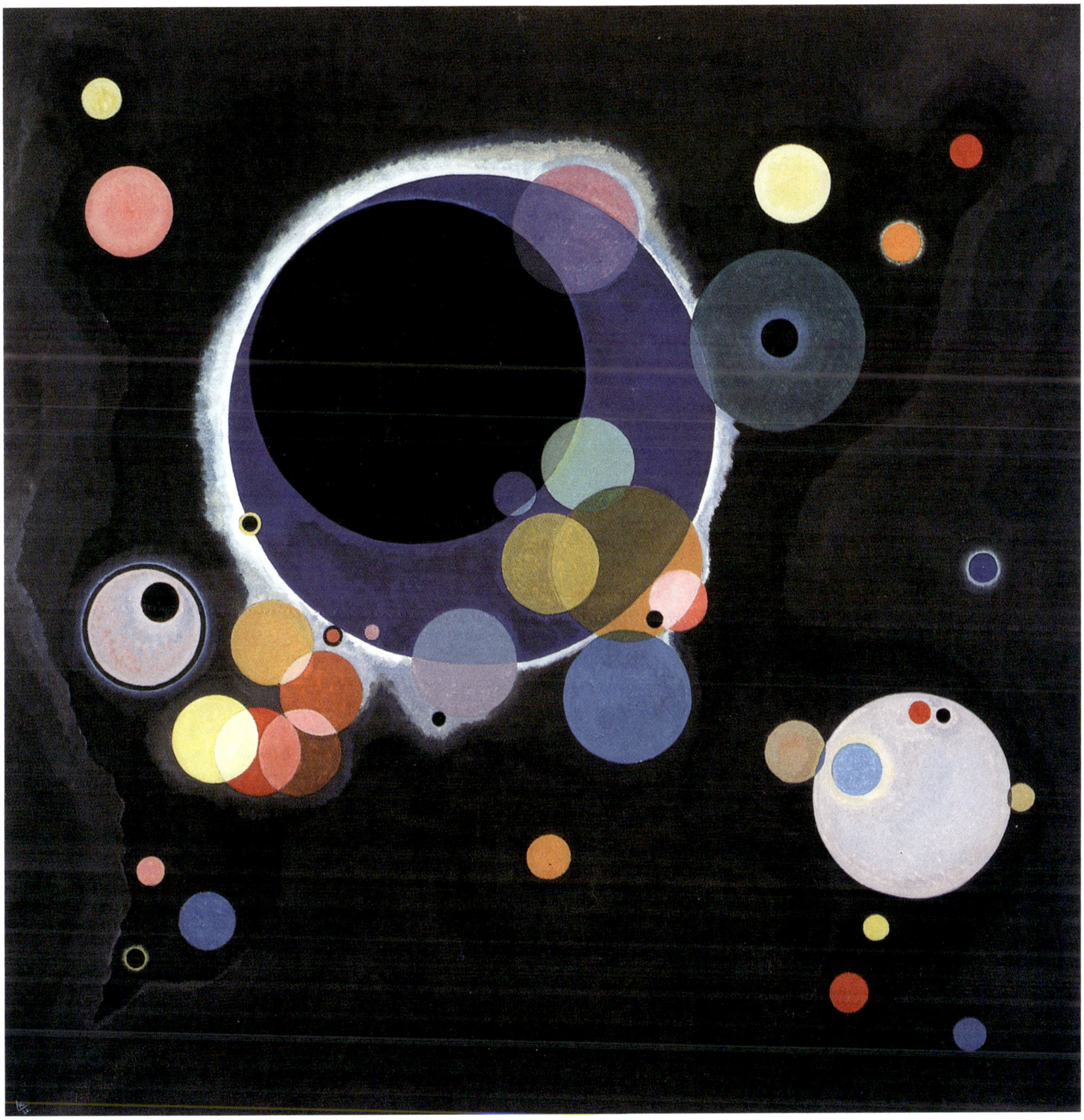

Einige Kreise, 1926
Öl auf Leinwand, 140 x 140 cm (55 x 55 in.)
New York, The Solomon R.
Guggenheim Museum

Die schlüssigste Durchgestaltung seines Raumkonzepts, in dem Farben und Formen korrespondieren sollten, blieb die Einrichtung seiner Wohnung in Dessau. Besonders das vielfarbig gestimmte Wohnzimmer in Hellrosa, Elfenbein, Schwarz und Grau – eine Nische war sogar mit Blattgold ausgelegt – wirkte wie ein Gemälde, in das der Betrachter hineingehen konnte, ein Gedanke, den Kandinsky seit seiner Begegnung mit der russischen Volkskunst hegte. Am ehesten kam das Bauhaus-Theater mit Schlemmers abstrakten Figurinen und elementaren Spielhandlungen Kandinskys Vorstellung einer „abstrakten Bühnensynthese" entgegen. Aber auch an dieser Bühne konnte er sein Hauptwerk *Der Gelbe Klang* nicht aufführen.

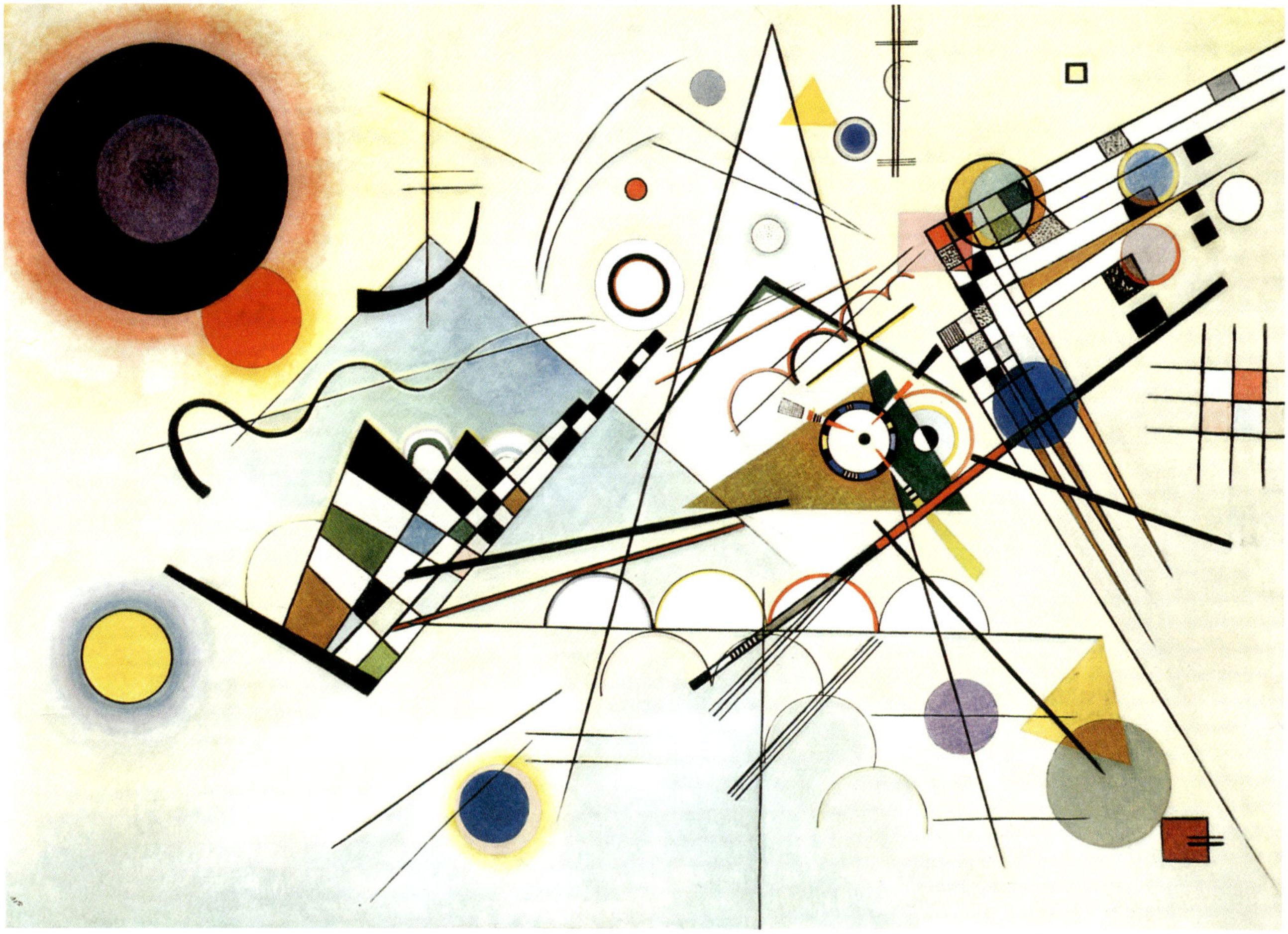

Komposition VIII, 1923
Öl auf Leinwand, 140 x 201 cm
New York, The Solomon R.
Guggenheim Museum

Letztendlich blieb sein Synthesekonzept noch zu sehr dem romantischen Gedanken des „Gesamtkunstwerks“ verhaftet, als dass es in die immer stärker funktionale Ausrichtung des Bauhauses auf Design und Architektur gepasst hätte. 1928 konnte Kandinsky immerhin mit der Ausstattung zu „Bilder einer Ausstellung“ von Mussorgsky ein Beispiel seiner Auffassung von „synthetischer Kunst“ verwirklichen. Er wollte mit beweglichen Formen und Lichtspielen der Bewegung der musikalischen Sätze folgen. Musik und Bildsprache sollten sich im Gegen- und Gleichklang wechselseitig erhellen und steigern. In den gleichen Zusammenhang gehört auch seine keramische Wandgestaltung für die Bau-Ausstellung 1931 in Berlin. Die Motive der Wandbilder kombinieren noch einmal die geometrischen Formen, abstrakten Figuren und Zeichen, die Kandinsky während seiner Bauhaus-Zeit experimentell erforscht hatte.

Die Tendenz zur Musikalisierung des bildnerischen Materials war am Dessauer Bauhaus besonders ausgeprägt. Vorträge und Kolloquien wurden zu diesem Thema gehalten, auf der Bühne wurde mit Licht und Ton experimentiert, und Klee malte seine „Fugenbilder“ und „Polyphonien“, abstrakte Umsetzungen musikalischer Empfindungen. Kandinsky hatte schon in der Schrift „Über das Geistige in der Kunst“ die geheime Verwandtschaft von Musik und Malerei postuliert. In den Bauhaus-Bildern wurden nun die bildnerischen Elemente auch unter musikalischen Gesichtspunkten verwendet – Wiederholung, Umkehrung, Abwandlung, dynamische Steigerung und Abschwächung. Das Bild *Auf Spitzen* wirkt wie eine Veranschaulichung dieses Grundsatzes. Die Komposition hinterlässt einen nur schwer zu definierenden emotionalen Eindruck, als ob Kandinsky „Wagners Fanfaren" in die Sprache der „kühlen Romantik" übersetzen wollte.

In den letzten Bauhaus-Jahren betonte Kandinsky dann auch wieder stärker die Rolle der Intuition für den künstlerischen Prozess, ohne die kein Kunstwerk entstehen könne. In der Zeitschrift *bauhaus 2/3* von 1928 beschrieb er das wichtige Verhältnis von Verstand und Intuition so: „Die großen Kunstepochen hatten immer ihre ‚Lehre' oder ‚Theorie', die ebenso selbstverständlich in ihrer Notwendigkeit war, wie es in der Wissenschaft der Fall war und ist. Diese ‚Lehren' konnten nie das Element des Intuitiven ersetzen, weil das Wissen an und für sich unfruchtbar ist. Es muss sich mit der Aufgabe begnügen, das Material und die Methode zu liefern. Fruchtbar ist die Intuition, die dieses Material und die Methode als Mittel zum Zweck braucht. Der Zweck kann aber ohne Mittel nicht erreicht werden, und in diesem Sinne wäre auch die Intuition unfruchtbar."

Kandinskys Werke der letzten Jahre am Dessauer Bauhaus sind daher wieder von einer Leichtigkeit und einem etwas skurrilen Humor geprägt, die schon auf sein Spätwerk in Paris verweisen. Dazu gehören Werke wie *Launisches* (Abb. S. 76) mit seinen schillernden Assoziationen zwischen Barke und Raumschiff, ägyptischen Hieroglyphen und Klees traumhafter Zeichensprache. Zwischen den beiden Malern, Klee und Kandinsky, bestand übrigens freundschaftliches Einvernehmen, wobei jeder auf die künstlerischen Prinzipien des anderen Rücksicht nahm. Sie schätzten einander als Mensch und Maler, schufen aber getrennte Welten. Die Experimentierfreudigkeit Klees hinsichtlich neuer Materialien und Techniken scheint sich am ehesten in Kandinskys Bildern niedergeschlagen zu haben, wenn man den malerischen Vortrag und die Spritztechnik einiger Werke dieser Epoche in Betracht zieht. Klee betrachtete Kandinsky als „Freund und Lehrmeister", ging allerdings in seinen Schriften und Bildern von ganz anderen Gestaltungsvoraussetzungen aus – stets konstatierte er in ihnen Analogien zu Naturprozessen.

An Klee erinnert ein wenig das Bild *Etagen* (Abb. S. 62), eine wundersame Ansammlung abstrakter „Wesen", die auf verschiedenen Ebenen einer Hausstruktur angesiedelt sind. Vielleicht sind diese „Etagen" auch ein ironischer Kommentar zu dem Bauprogramm des Bauhauses, der funktionellen Gestaltung der Wohnräume in kleinen, identischen Parzellen, wie es die Versuchssiedlung in Dessau-Törten mit Hilfe industrieller Fertigungsmethoden erprobte. So heiter wie Kandinskys Bilder zu sein scheinen, waren die letzten Jahre des Dessauer Bauhauses allerdings nicht. Nach dem Rücktritt von Gropius, der sich wieder auf sein Architekturprogramm konzentrieren wollte, folgte unter Hannes Meyer zwischen 1928 und 1930 eine Phase starker Politisierung der Studenten. Der schon lange schwelende Konflikt zwischen einer Ästhetik, die vor allem von den Bauhaus-Malern getragen wurde, und einem einseitig orientierten Funktionalismus brach nun in aller Schärfe aus. Das soziale, jedem Ästhetizismus abgeneigte Engagement Meyers wollte auf jeden „Bauhausstil, jede Bauhausmode" verzichten. Das Bauhaus war für ihn vor allem eine „Hohe Schule der Gestaltung" mit eindeutig sozialer Verpflichtung.

Auch die Studentenschaft spaltete sich in zwei Lager; Kandinsky und Klee sahen sich heftigen Angriffen wegen ihrer „Elfenbeinturm-Malerei" ausgesetzt. Meyer wurde schließlich aus dem Amt entlassen, und an seiner Stelle der Architekt Ludwig Mies van der Rohe im Sommer 1930 mit der Leitung des Bauhauses betraut. Mies van der Rohe war zunächst an einer Entideologisierung des Bauhauses interessiert, vor allem wegen der verstärkten Angriffe aus rechtsradikalen Kreisen. Das Bauhaus entwickelte sich infolgedessen zu einer reinen

SEITE 74–75
Gelb-Rot-Blau, 1925
Öl auf Leinwand, 127 x 200 cm
Paris, Musée national d'art moderne, Centre Georges Pompidou

Die drei Grundfarben verteilt auf die zugehörigen drei Grundformen gleichen Flächeninhaltes, Dreieck, Quadrat, Kreis, 1923
Berlin, Bauhausarchiv

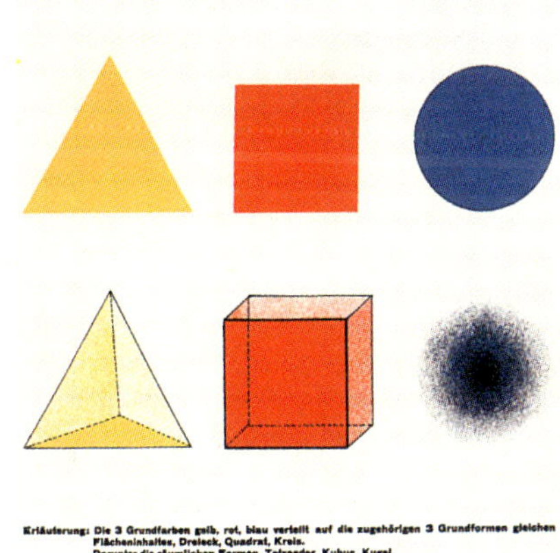

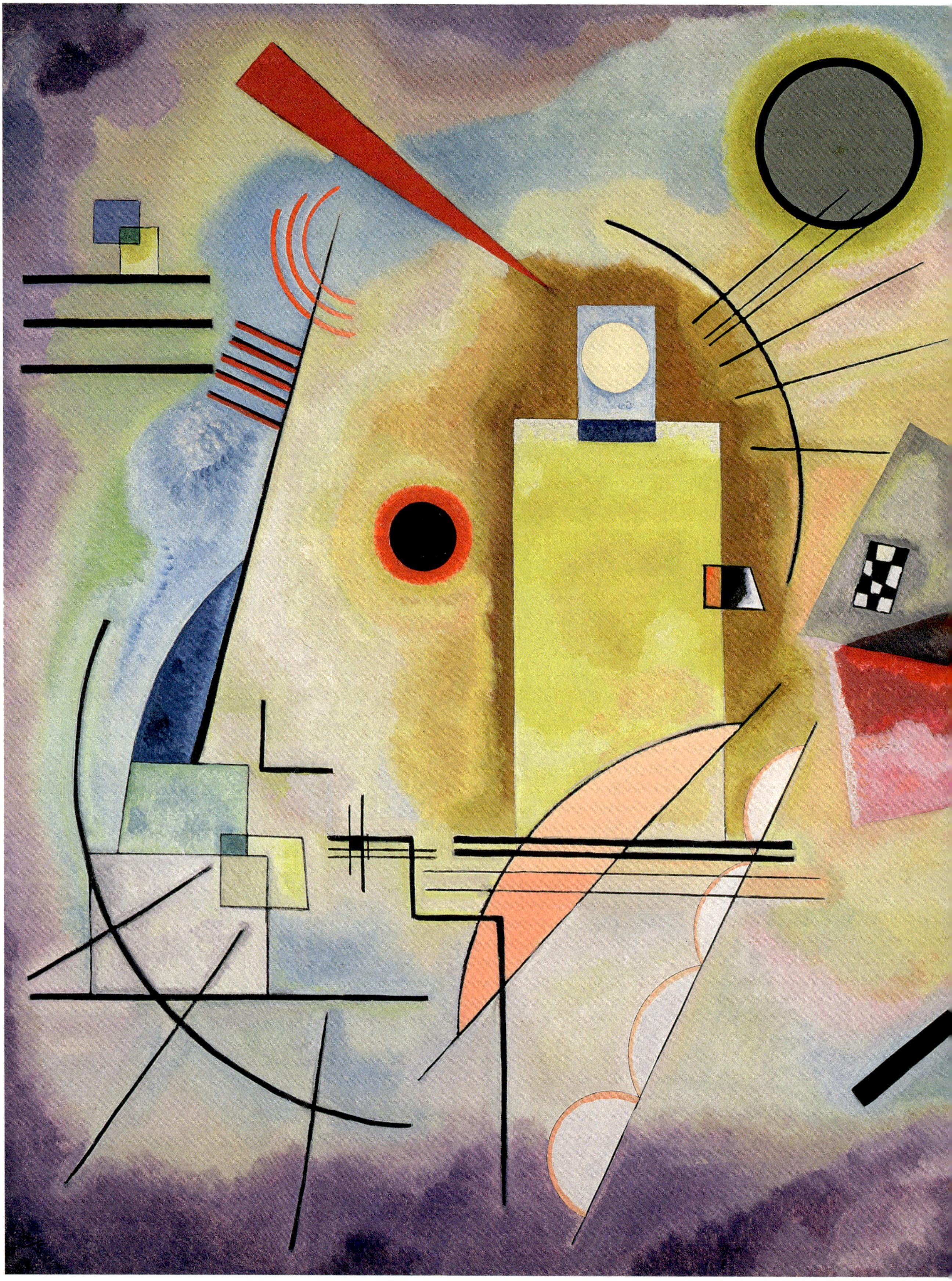

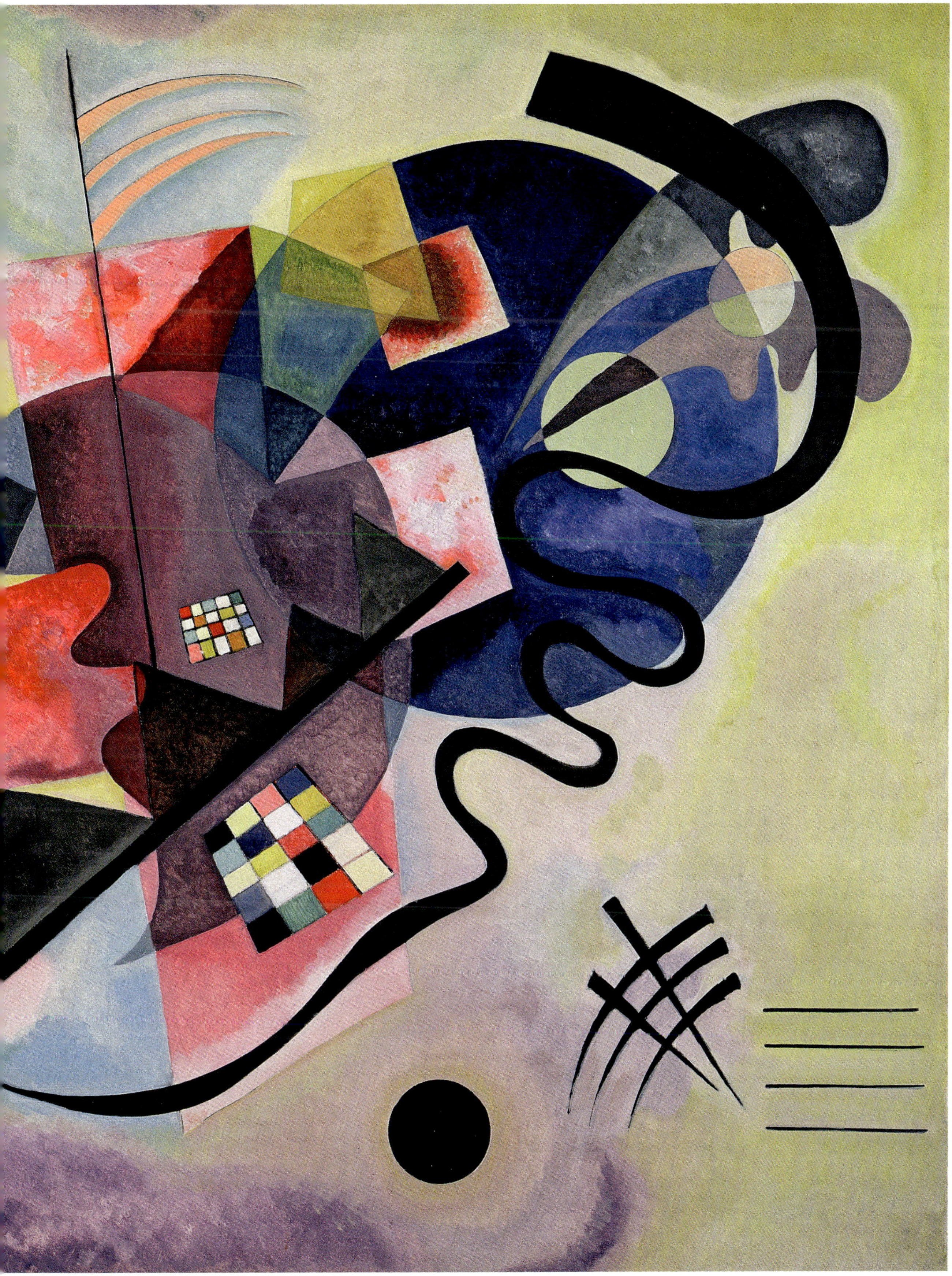

Architekturschule, die mit den Zielsetzungen von Gropius und auch von Kandinsky und Klee in keinem Einklang mehr standen.

Klee folgte darum gerne einem Ruf an die Düsseldorfer Akademie. Kandinsky zog sich immer mehr vom Lehrbetrieb zurück. Um 1931 setzte eine verstärkte Hetzkampagne der Nationalsozialisten gegen das Bauhaus ein, die 1932 mit der Schließung endete. Mies van der Rohe führte das Institut zunächst noch in persönlicher Verantwortung von Oktober 1932 an in einer stillgelegten Telefonfabrik in Berlin weiter. Doch schon im April 1933 wurde die Schule von der Gestapo durchsucht und vorläufig geschlossen. Am 19. Juli beschloss das Kollegium die Auflösung des Bauhauses. Viele Lehrer und Schüler wanderten in die USA aus und verbreiteten dort die Lehre des Bauhauses weiter, so Gropius seit 1937 an der Harvard University in Cambridge, an der auch Marcel Breuer, ehemals Student am Bauhaus in Weimar und später Leiter einer Werkstätte, lehrte. Josef Albers entwickelte den Vorkurs am Black Mountain College, North Carolina, weiter; László Moholy-Nagy gründete das New Bauhaus in Chicago.

Kandinsky und seine Frau konnten sich noch rechtzeitig nach Paris absetzen, wo sie eine Neubauwohnung in dem Vorort Neuilly-sur-Seine bezogen. Kandinskys Jahre am Bauhaus waren vor allem von einer durchdringenden rationalen Analyse des Kunstwerks geprägt. Die zahlreichen Schriften, vor allem „Punkt und Linie zu Fläche" legen davon Zeugnis ab. Seine Bilder erhalten einen strengen, oft rigiden und disharmonischen Aufbau, der sich erst wieder Ende der 1920er Jahre auflockerte. Immer noch gründete Kandinskys Lehre

Launisches, 1930
Öl auf Karton, 40,5 x 56 cm
Rotterdam, Museum Boijmans Van Beuningen

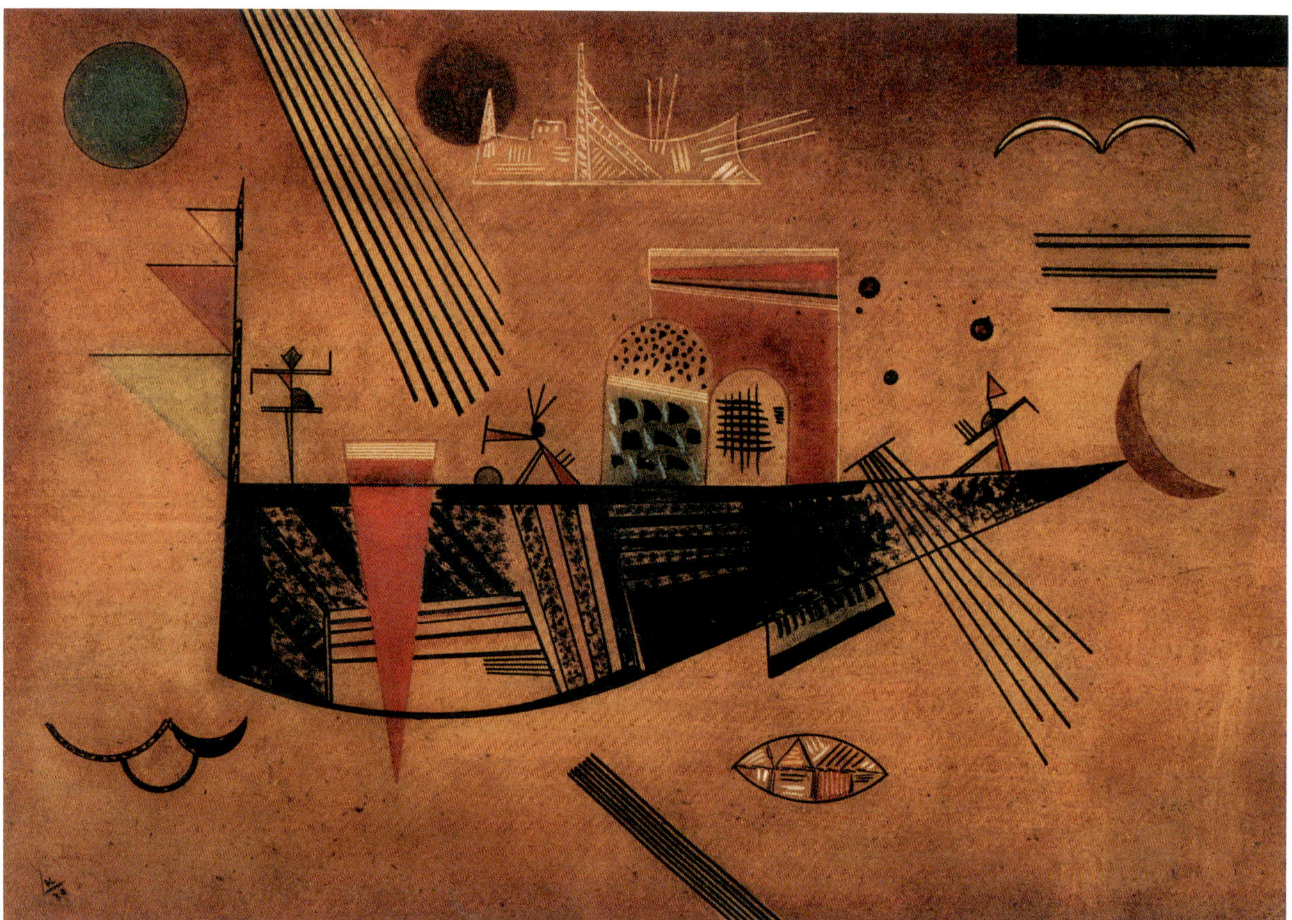

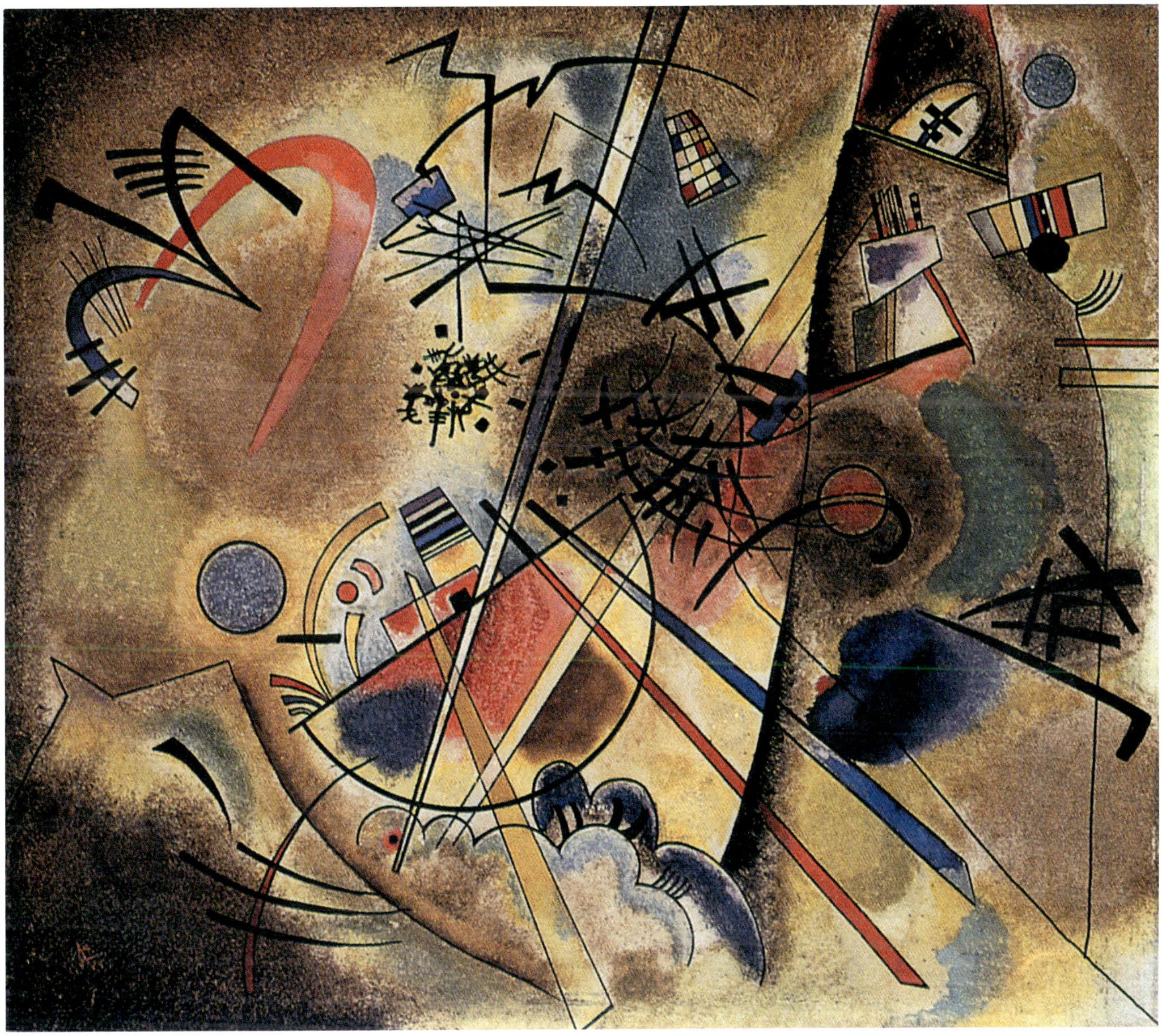

Kleiner Traum in Rot, 1925
Öl auf Karton, 35,5 x 41,2 cm
Kunstmuseum Bern,
Schenkung Nina Kandinsky

aber auf einer irrationalen Basis, die die rein künstlerischen Gesetzmäßigkeiten, die Spannungen zwischen Farbe und Form, die emotionellen und spirituellen Qualitäten der Bildelemente als Forderung einer „inneren Notwendigkeit" betrachtete. Somit waren auch in der Bauhaus-Zeit die ihn prägenden Erlebnisse und Einflüsse, die synästhetischen und eidetischen Fähigkeiten, die okkulten Spekulationen des „Über das Geistige in der Kunst" nicht verdrängt worden, sondern nur von der rationalen Schicht seines Lehranspruchs und den sich wandelnden Erfordernissen der Bauhaus-Idee überlagert worden. In Paris, in den sich schon ankündigenden Spätwerken, durchbricht ein irrationaler Spieltrieb, eine humoreske Ader und eine dem Surrealismus nahestehende Zeichensprache die Fassade formalisierter Gestaltungsgesetze, hinter der Kandinskys Temperament, seine „romantisch-mystische" Ader immer noch pulsierte.

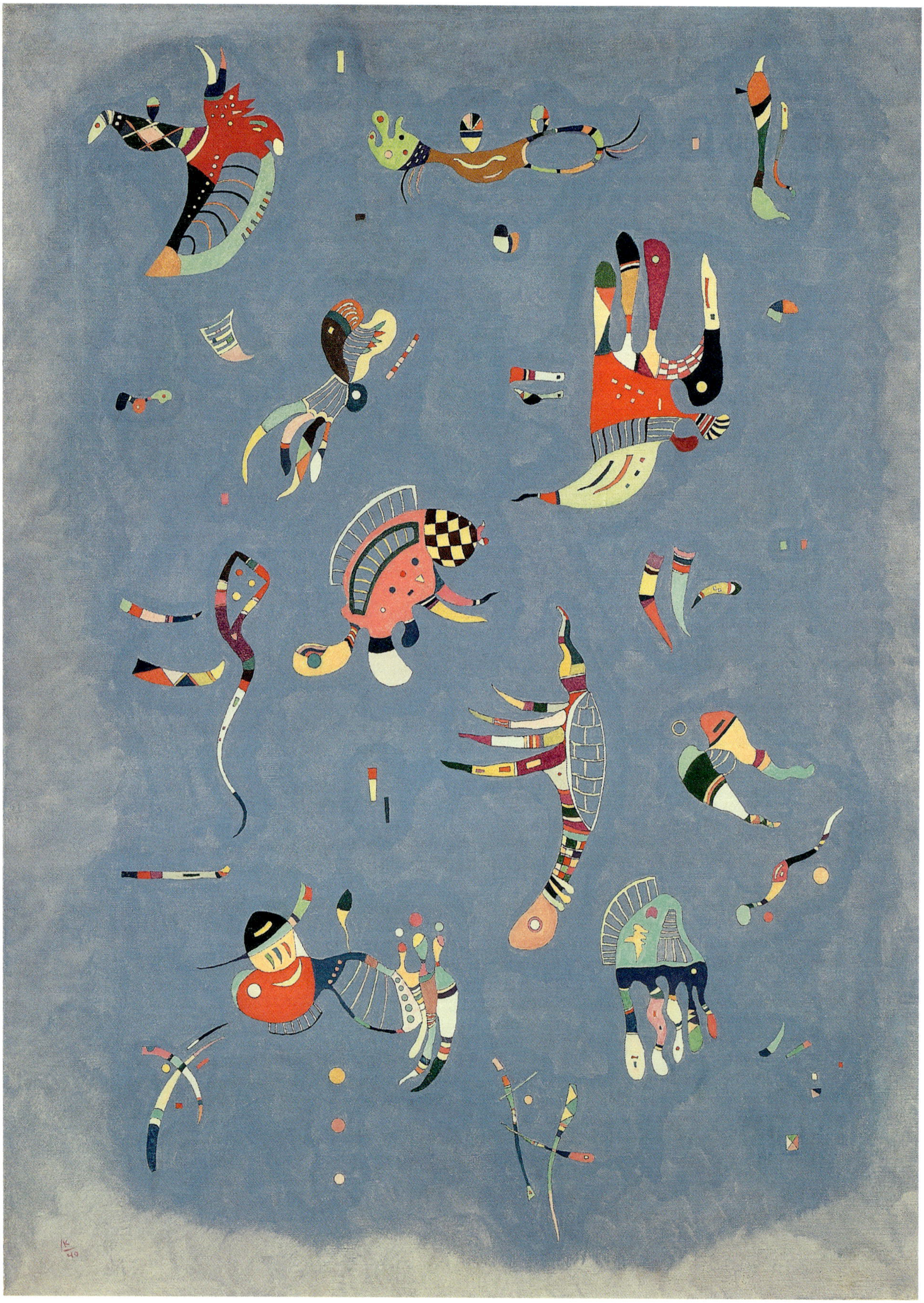

Biomorphe Abstraktion: Kandinsky in Paris

1934–1944

Kandinsky hoffte, schnell wieder Anschluss an die alten Freunde und Kollegen zu finden, um so mehr, da er ja ein international bekannter Künstler geworden war. Doch diese Erwartungen wurden bitter enttäuscht. Die Pariser Kunstszene reagierte auf Kandinskys Ankunft äußerst zurückhaltend und kühl, zum einen durch die Abgrenzung der „Schule von Paris" gegen ausländische Kollegen, zum anderen durch die fehlende Behauptungskraft und Anerkennung abstrakter Malerei bedingt. Beliebt hingegen waren Stilrichtungen zwischen Impressionismus und Kubismus. Der kühlen Sprache der Geometrie, wie sie einige wenige Künstler, etwa Piet Mondrian, Jean Arp und Georges Vantongerloo, in Paris vertraten, war kein Erfolg beschieden. Nach einigen fehlgeschlagenen Kontakten zur russischen Emigrantenszene in Paris beschränkten sich Kandinskys Verbindungen auf wenige Künstler, die nur noch vereinzelt aus den „glücklichen Zeiten" stammten.

Eine von diesen alten Freundschaften betraf die Delaunays, die er gerne besuchte. Robert Delaunays neue Serie der „Rythmes sans fin" (Endlose Rhythmen) sprachen seinen Farbensinn und seine Vorliebe für den Kreis an. Von den neueren Künstlern schätzte er lediglich Joan Miró, Jean Arp und Alberto Magnelli, zu deren Vernissagen er regelmäßig ging. Die konstruktiven Künstler von „Cercle et Carré", insbesondere Piet Mondrian, stießen ihn in ihrem Puritanismus eher ab.

Ansonsten lebte und arbeitete er zurückgezogen in einem kleinen Appartement, dessen Wohnzimmer er sich als Atelier eingerichtet hatte. In dieser bescheidenen Umgebung vollzog Kandinsky die letzte Wandlung seiner Bildsprache. Von einem ruhig ausklingenden Alterswerk, das den vergangenen Ruhm Revue passieren lässt, kann dabei keine Rede sein. Der auffälligste Wandel betrifft die Farbigkeit dieser späten Bilder. Einem farbigen Wolkendunst entsteigt ein singendes und klingendes Farbenspiel in differenziertesten Nuancen, wie in *Zarter Aufstieg* (Abb. S. 81) zu sehen ist. Die konstruktive Farbenlehre aus den Grund- und Mischfarben scheint am Bauhaus zurückgelassen worden zu sein. Kandinsky verwendet nun im künstlerischen Bereich bisher noch nie gesehene Farbzusammenstellungen, die meist von kostbar-filigraner Wirkung sind, in ihrer Buntheit aber auch an slawische Volkskunst erinnern. Die Farben sind dünn, zuweilen transparent aufgetragen, sodass sich zusätzlich optische Mischungen mit anderen Farben oder dem Grund ergeben. Ein neues technisches Element ist Sand, der den Farben zugemischt wird oder der als körniger Grund die Farbe hinterfängt. Am ehesten lässt die Farbgebung an Kandinskys frühe *Märchenbilder* denken,

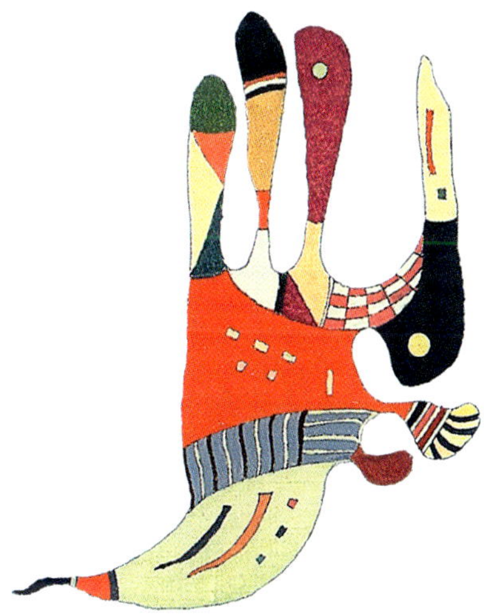

Detailstudie aus ***Himmelblau***

Himmelblau, 1940
Öl auf Leinwand, 100 x 73 cm
Paris, Musée national d'art moderne, Centre Georges Pompidou

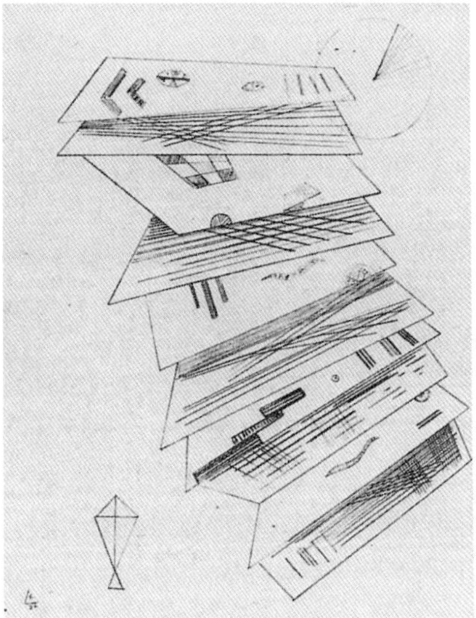

Zweite Radierung für die Editions Cahiers d'Art, 1932
Kaltnadelradierung, 29,8 x 23,8 cm
München, Städtische Galerie
im Lenbachhaus

die wiederum auf das Erlebnis der Heimatstadt Moskau mit ihren vielfarbigen und goldenen Türmen und Dächern zurückgingen. Farbklänge aus Grundfarben oder bekannten Kontrastarten bringt Kandinsky nur noch selten ins Bild. Es herrschen bunte, vielfältig gebrochene Farbflächen vor, die sich kaum noch an herkömmliche Gestaltungsregeln halten. Als wenn die neue Farbigkeit noch nicht kompliziert genug wäre, erfindet Kandinsky zusätzlich ein neues Formvokabular. Die geometrischen Grundformen lösen sich in unglaublich vielgestaltige Gebilde auf, wobei biomorphe Gestalten neben geometrisch abgeleiteten überwiegen.

Die großen bildbeherrschenden Farbformen in *Herrschendes Violett* erinnern deutlich an Medusen, die Tiefseequallen. Andere Formen rufen den Eindruck von Plankton und mikroskopisch kleinen Wasserlebewesen hervor, z. B. in der *Komposition IX* (Abb. S. 82) und besonders in *Himmelblau* (Abb. S. 78), in dem vor einem „himmelblauen" Fond zahlreiche bunte Formen und Gestalten schweben, wie beim Blick durch ein Mikroskop auf eine unbekannte Welt. In einem Artikel für die dänische Zeitschrift *Konkretion* (1935) ergänzte Kandinsky das Konzept der „Seelenvibration" durch den „inneren Blick": „Dieses Erleben der ‚geheimen Seele' der sämtlichen Dinge, die wir mit unbewaffnetem Auge, im Mikroskop oder durch das Fernrohr sehen, nenne ich den ‚inneren Blick'. Dieser Blick geht durch die harte Hülle, durch die äußere ‚Form' zum Inneren der Dinge hindurch und lässt uns das innere ‚Pulsieren' der Dinge mit unseren sämtlichen Sinnen aufnehmen."

Schon in seinem Bauhaus-Unterricht hatte Kandinsky auf die Analogien zwischen Kunst, Natur und Technik aufmerksam gemacht. Doch erst in Paris öffnete er auch seine Formsprache diesen Einsichten. Sein neu gewonnener Formenschatz bezieht seine Inspirationen aus den unterschiedlichsten Quellen, von den wirbellosen Meerestieren über Kleinstlebewesen und zoologische Urformen bis hin zu embryonalen Gestalten, die viele seiner Bilder zwischen 1934 und 1940, seinem Alterswerk, bevölkern. Als Anregungsquellen dienten ihm aber nicht nur enzyklopädische Werke und biologische Lehrbücher wie zum Beispiel Ernst Haeckels „Kunstformen der Natur" oder Karl Blossfeldts berühmte Fotosammlung von „Urformen der Natur", sondern auch die Bilder seiner Pariser Kollegen. Auch wenn Kandinsky sich über den Vergleich mit Jean Arp, Joan Miró und Alberto Magnelli ärgerte, den der Kunsthistoriker Alfred Barr anlässlich der Ausstellung „Cubism and Abstract Art" (1936, New York, Museum of Modern Art) im Katalogvorwort zog, so müssen doch gewisse beiderseitige Abhängigkeiten angenommen werden. Jean Arp hatte bereits in den 1930er Jahren seine biomorphen Formen in die Plastik eingeführt. Auch Miró beschäftigte sich seit langem mit einer Zeichensprache abstrahierter Formen. Andere Zeichenkürzel, wie Ausrufezeichen und Kommata, wurden wohl vor allem den Bildern Klees entlehnt, der in dieser Zeit mit einem solchen sparsamen Zeichenvokabular arbeitete. Klee war übrigens der einzige Künstler aus der Bauhaus-Zeit, mit dem Kandinsky bis zu dessen Tod im Jahre 1940 befreundet blieb.

Die Bilder Kandinskys aus dieser Periode wirken nicht von Altersweisheit geläutert oder von „kühler Romantik", sondern eher heißspornig, brodelnd, urtümlich, als wenn eine ferne Sonne noch einmal das Leben aus einem Tümpel mit Protoplasma in Gang setzen wollte. Man betrachte etwa das Bild *Buntes Ensemble* (Abb. S. 87) mit seiner Vielfalt von farbigen Protuberanzen. Gegen diese Flut von Fabelwesen haben es die ehemals so streng genommenen geometrischen Formen und Kompositionsgerüste schwer. Nur gelegentlich greift Kandinsky auf ein festes tektonisches Bildmuster zurück, wie in *Zwei grüne*

Zarter Aufstieg, 1934
Öl auf Leinwand, 80,4 x 80,7 cm
New York, The Solomon R.
Guggenheim Museum

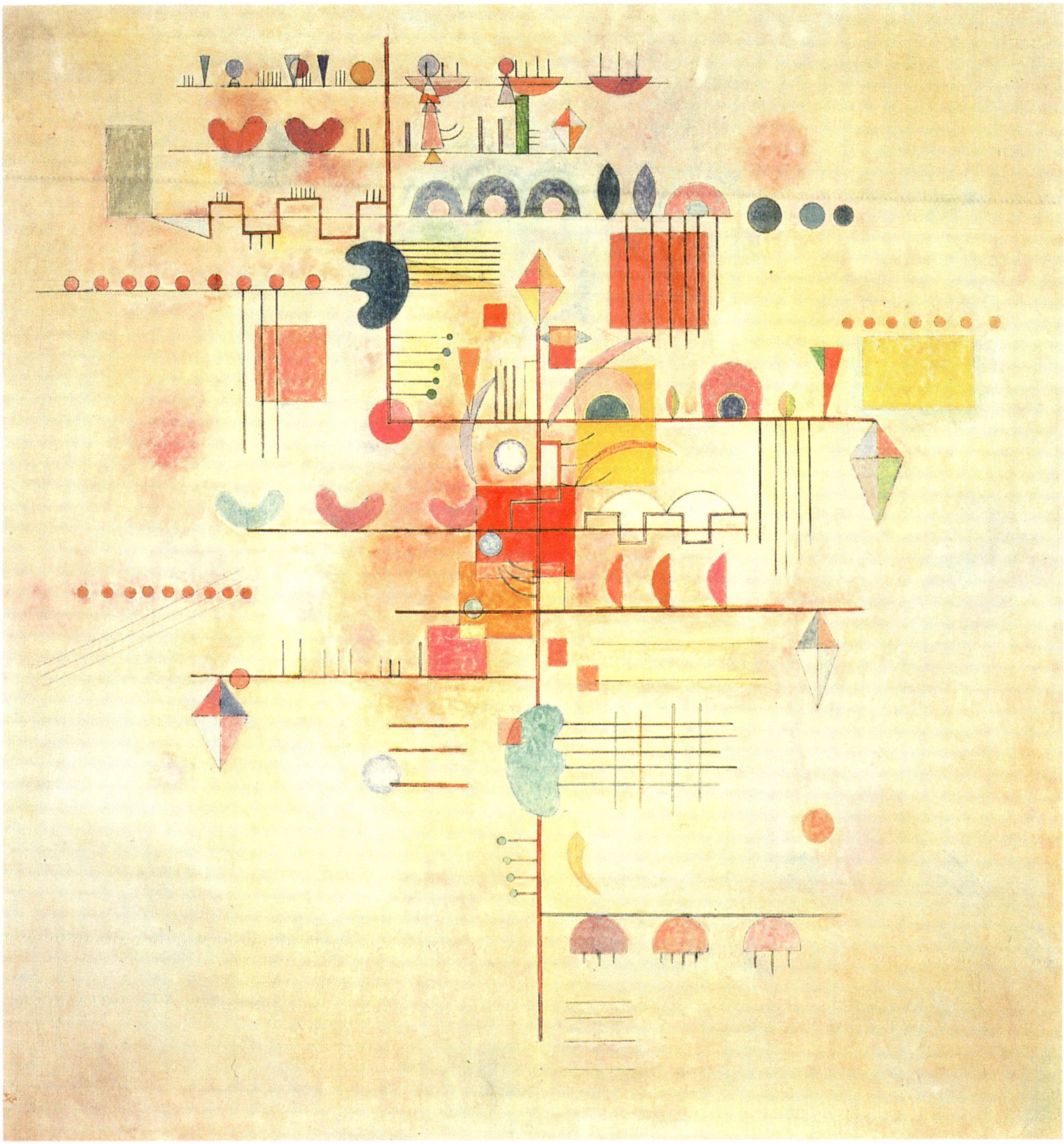

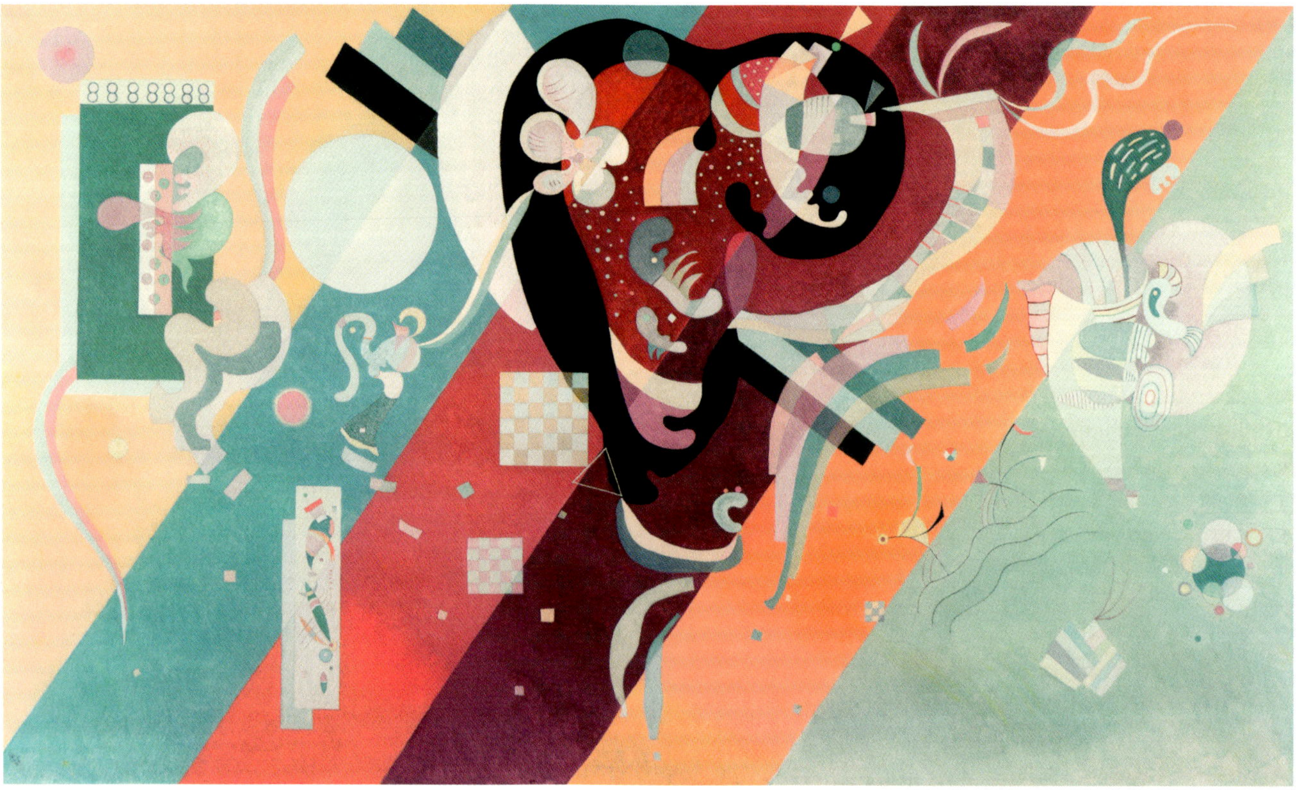

Komposition IX, 1936
Öl auf Leinwand, 113,5 x 195 cm
Paris, Musée national d'art moderne, Centre Georges Pompidou

Punkte (Abb. S. 83) oder in einigen Rasterbildern. Überwiegend aber führen die bisweilen heiter wirkenden „Wesen aus Form und Farbe" ein Eigenleben auf den mehrfarbigen, wolkigen Gründen, so wie in *Kompliziert – Einfach* (Abb. S. 85) oder *Himmelblau* (Abb. S. 78). Auch der schwarze Grund kommt wieder vor, wie in der *Komposition* X (Abb. S. 90), Kandinskys letzter großer Komposition vor Kriegsausbruch, eine märchenhaft-visionäre Bildwelt, die in ihrem farbigen und formalen Reichtum nichts von den aufziehenden kriegerischen Auseinandersetzungen in Europa spüren lässt.

Beispielhaft für die unbeirrte Komplexität in Kandinskys Werk ist auch das große Bild *Dominierende Kurve* (Abb. S. 84), ein Feuerwerk der Fantasie und Komplexität. Über die einst so kühl konstruierten Kreise fegt ein Schwarm von Bildzeichen und biomorphen Formen, von denen sich einige auch auf einer Art Bildrolle, einem Bild im Bild, entfalten. Die treppenartige Konstruktion rechts weist übrigens unmissverständlich auf Kandinskys Kenntnisse der Wahrnehmungspsychologie hin. Diese Kippfigur kommt neben anderen Bildern Kandinskys (siehe zum Beispiel die *Zweite Radierung für die Edition Cahiers d'Art,* Abb. S. 80) vor allem in einigen Bildern Klees vor.

In den folgenden Kriegsjahren werden die Formate wieder kleiner, bis sich Kandinsky wegen des akuten Materialmangels ganz mit Gouachearbeiten auf kleinformatigen Kartons begnügen musste, die aber in Aufbau und Inhalt nicht hinter den großen Kompositionen zurückstehen. Und wieder reagierten Publikum und Kunstkritik angesichts dieser Formen- und Farbenexplosion befremdet, was Kandinskys Isolation in der Pariser Kunstwelt noch verstärkte. Der früher so lebhafte und der Kunstpolitk offen zugewandte Künstler blieb auf die Kunstzeitschriften *Cahiers d'Art* und *XXème Siècle* angewiesen sowie auf seine spärlichen Kontakte zu einigen Malern der abstrakten Richtung, etwa aus dem Kreis der

„Abstraction-Création". Diese Folgegruppe von „Cercle et Carré", einer Malergruppierung der geometrischen Abstraktion, wollte gegen das Übergewicht des Surrealismus zusammenhalten. Doch gerade mit dieser sich neu etablierenden Kunstrichtung hatte Kandinsky Verbindung aufgenommen. Bereits zu Anfang der 1930er Jahre hatte er André Breton kennengelernt, der zwei Aquarelle von ihm kaufte. So verwundert es kaum, Kandinskys Bilder auch in dem „6. Salon des Surindépendants" 1933 wiederzufinden, als „Anführer der surrealistischen Prozession", wie Jean Arp ihm gratulierte. Eine Zeitlang wurde Kandinsky sogar mit der surrealistischen Gruppe identifiziert, zu der ja auch abstraktere Maler wie Arp, Miró und André Masson gehörten. Dennoch verlor Kandinsky den fundamentalen Unterschied zwischen seinen Bildern und denen der Surrealisten keineswegs aus den Augen. Während die Surrealisten das Diktat des Unbewussten und die psychoanalytischen Erklärungsmodelle bejahten, führte Kandinsky seine „innere Notwendigkeit" vor allem auf wahrnehmungspsychologische Grundlagen zurück bzw. auf seine „innere Stimme", eine weit in die Biografie zurückreichende Antriebsfeder künstlerischen Schaffens. Zudem verstärkte sich die Vorliebe Bretons für gegenständliche Darstellungsweisen, die schließlich zum Bruch der ursprünglichen Surrealistengruppe führte. Um sich stärker von den surrealistischen „Abstrakten" wie auch von den Künstlern der streng geometrischen Richtung abzugrenzen, stützte sich Kandinsky in seinen Schriften und Aufsätzen immer mehr auf den Begriff „Konkrete Kunst", der zwar schon 1930 von Theo van Doesburg gebraucht worden war, nun aber von Kandinsky

Zwei grüne Punkte, 1935
Mischtechnik auf Leinwand, 114 x 162 cm
Paris, Musée national d'art moderne, Centre Georges Pompidou

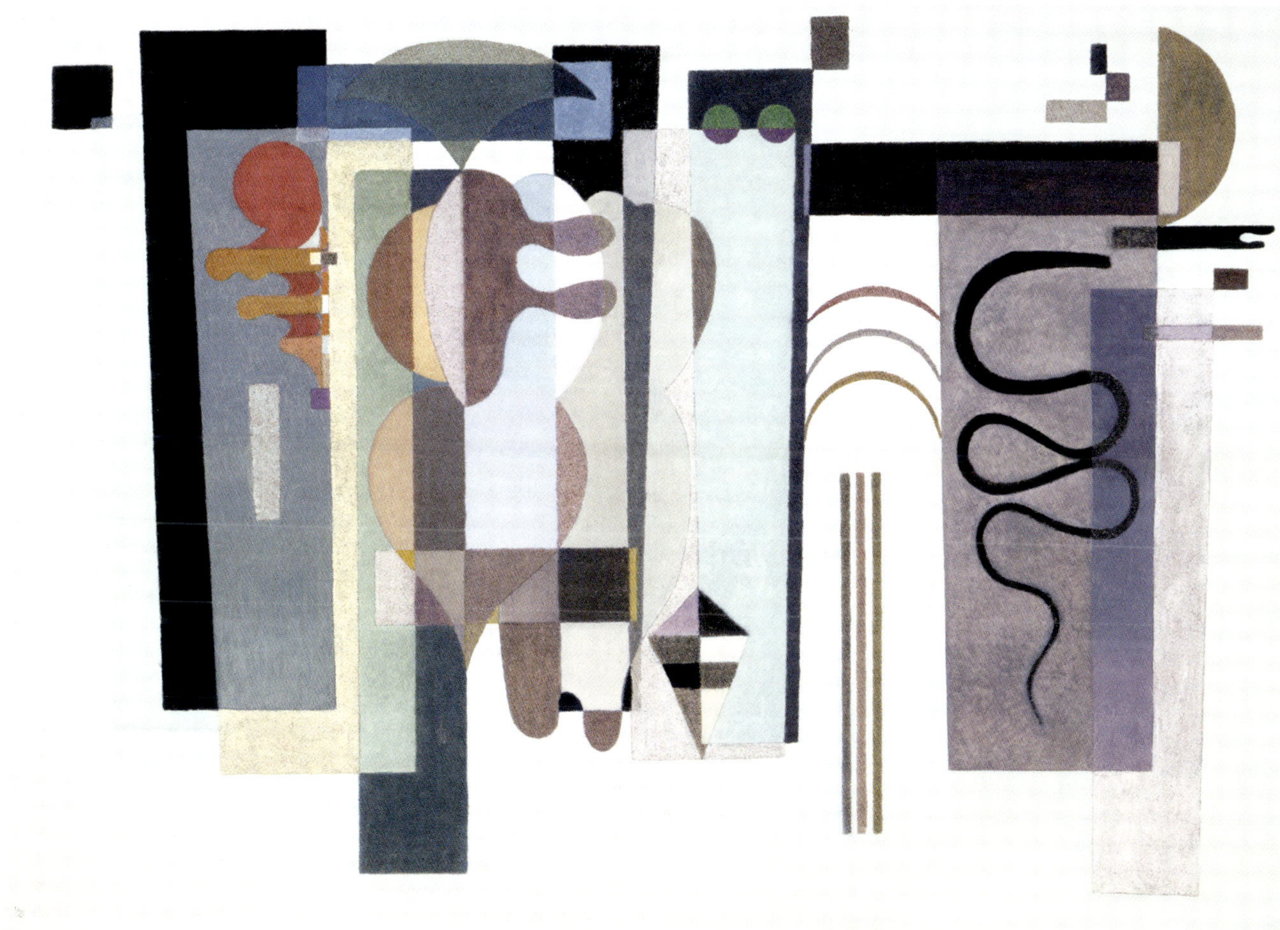

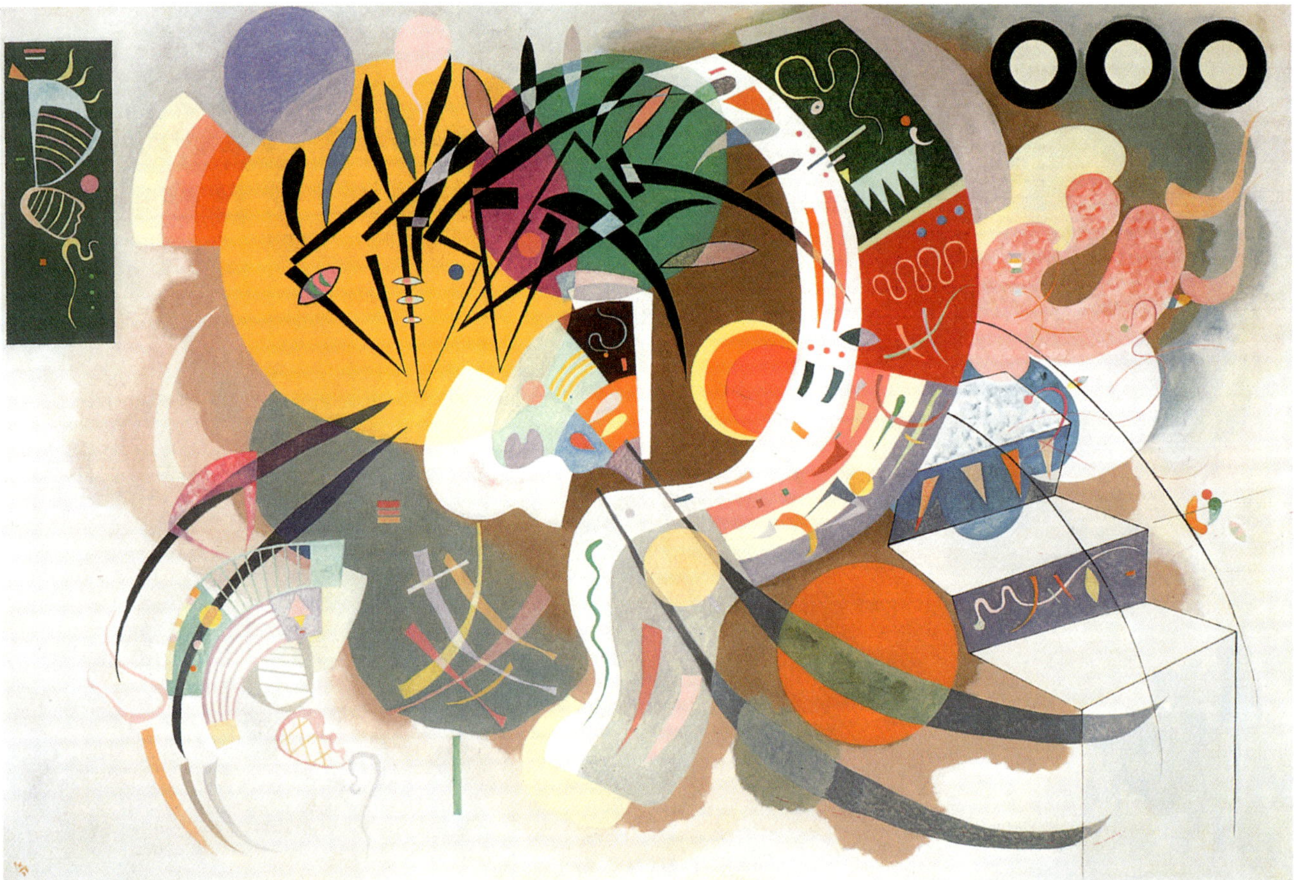

Dominierende Kurve, 1936
Öl auf Leinwand, 129,3 x 194,3 cm
New York, The Solomon R. Guggenheim Museum

für seine Zwecke neu definiert wurde. „So stellt die abstrakte Kunst neben die ‚reale' Welt eine neue, die äußerlich nichts mit der ‚Realität' zu tun hat. Innerlich unterliegt sie den allgemeinen Gesetzen der ‚kosmischen Welt'. So wird neben die ‚Naturwelt' eine neue ‚Kunstwelt' gestellt – eine ebenso reale Welt, eine konkrete. Deshalb ziehe ich persönlich vor, die sogenannte ‚abstrakte' Kunst ‚konkrete' Kunst zu nennen."

Nur ein einziges Mal konnte sich Kandinsky noch als führende Persönlichkeit der neuen internationalen Kunstszene behaupten. Vor dem Hintergrund der wachsenden Unzufriedenheit der abstrakten und surrealistischen Künstler angesichts der einseitigen Zusammenstellung der jährlichen Übersicht zur zeitgenössischen Kunst im Petit Palais polemisierte Kandinsky gegen diese Einseitigkeiten, was wiederum den ihm freundschaftlich verbundenen Kurator des Jeu de Paume, André Dézarrois, zu einer Gegenveranstaltung veranlasste, „Origines et développement de l'art international indépendant". Vom 30. Juli bis 31. Oktober 1937 wurden im Jeu de Paume vor allem aber Werke des Kubismus und des Surrealismus gezeigt, weit weniger die vorgesehene Quantität abstrakter Kunst, von der Kandinsky und seine Mitstreiter sich einen durchschlagenden Erfolg erhofft hatten. Vor allem musste sich Kandinsky mehr denn je gegen die Ableitung seiner Malerei aus dem Kubismus wehren. In mehreren Briefen an Dézarrois und in Artikeln für verschiedene Kunstzeitschriften betonte er immer wieder das parallele Auftreten des Kubismus mit der abstrakten Kunst. „Meine Quellen sind dagegen Cézannes Malerei und der späte Fauvismus, insbesondere Matisse."

Kompliziert – Einfach, 1939
Öl auf Leinwand, 100 x 81 cm
Paris, Musée national d'art moderne, Centre Georges Pompidou

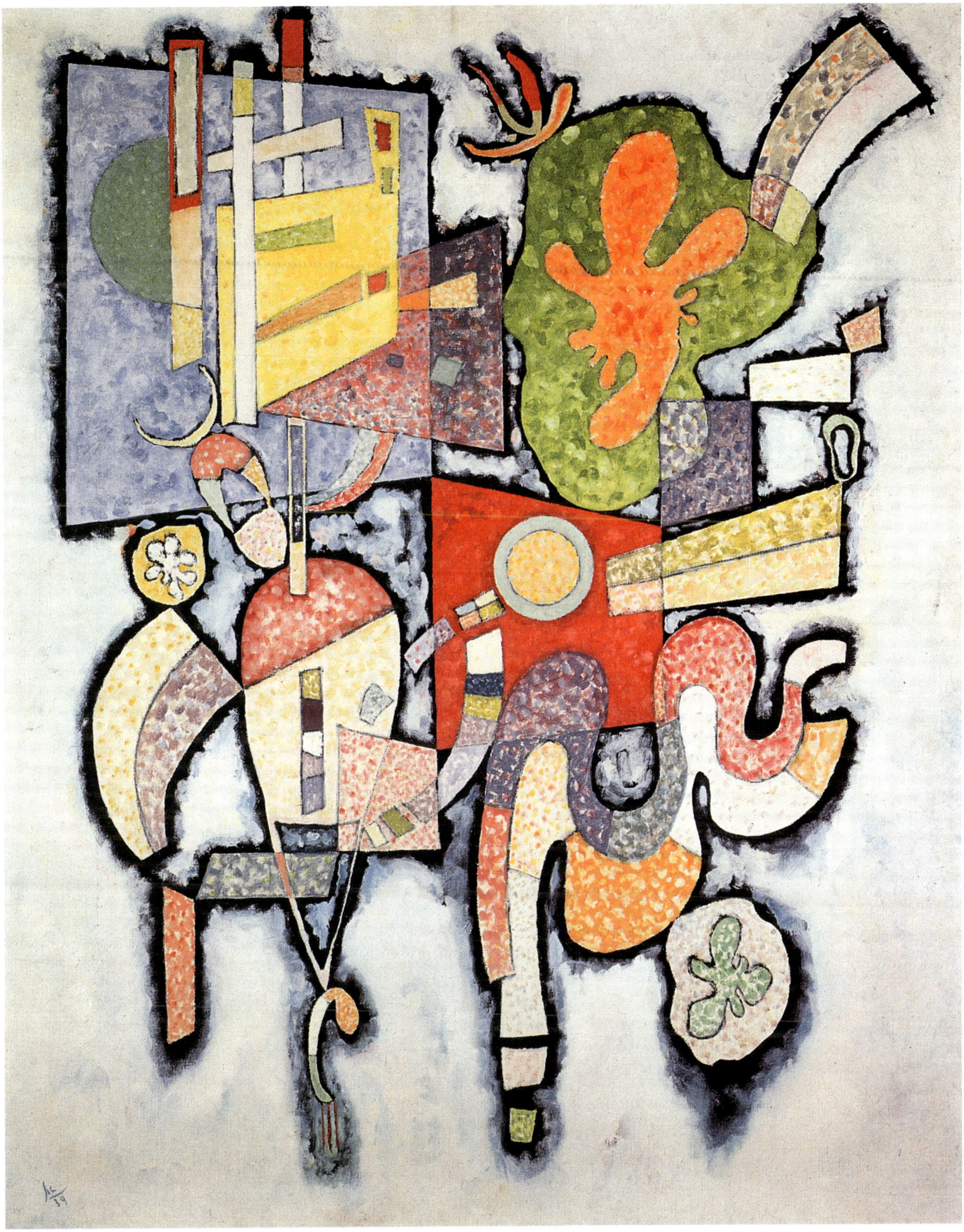

Buntes Ensemble, 1938
Öl und Lackfarbe auf Leinwand,
116 x 89 cm
Paris, Musée national d'art moderne,
Centre Georges Pompidou

Größere Sympathie empfand Kandinsky hingegen für die italienischen Futuristen, von denen er einen, den „Flugmaler" Enrico Prampolini, für die Jeu de Paume-Ausstellung vorschlug. Ihn interessierte dabei nicht die faschistische Ideologie, in die Filippo Tommaso Marinetti und die Futuristen bald verstrickt wurden, sondern vor allem die gemeinsamen Berührungspunkte in der Ästhetik und Malerei, die bereits den „Blauen Reiter" in München fasziniert hatten.

Bei aller weltabgewandten Maltätigkeit fand sich Kandinsky allerdings selbst bald im Strudel der politischen Ereignisse wieder. Aus Berlin berichteten ihm alte Freunde von der Entfernung seiner Bilder aus deutschen Museen. Von 1937 an galt Kandinsky in Deutschland wie viele andere Moderne als „entarteter Künstler". Die Kriegsjahre brachten auch für die Kandinskys schwere Entbehrungen mit sich. Trotz der Angebote zuverlässiger Freunde, ins Ausland zu gehen oder zumindest Paris zu verlassen, verharrten sie in Neuilly. Unterstützung fand Kandinsky vor allem bei der Galeristin Jeanne Bucher, die ihn dreimal ausstellte, selbst im Jahr 1942 unter den schwierigen Bedingungen der Okkupation. Seine letzten Bilder wirken keineswegs abgeklärter und altersweiser als die früheren. Wieder beleben „aufgeweichte" geometrische Formen und biomorphe Ableitungen in schillernder Farbigkeit die einfarbige Bildfläche. Aus dem schwarzen Fond des Bildes *Um den Kreis* (Abb. S. 86) glühen die in bizarren Formen eingeschlossenen Farben wie die Moskauer Kuppeln im Abendlicht. Die Komposition um das rote Kreiszentrum wirkt betörend-fantasievoll und gleichsam musikalisch, als wenn Kandinsky die Musik seines Landsmannes Strawinsky in Farbklänge umsetzen wollte. Bis zum Schluss, bereits beeinträchtigt von einer

Um den Kreis, 1940
Öl und Email auf Leinwand, 96,8 x 146 cm
New York, The Solomon R.
Guggenheim Museum

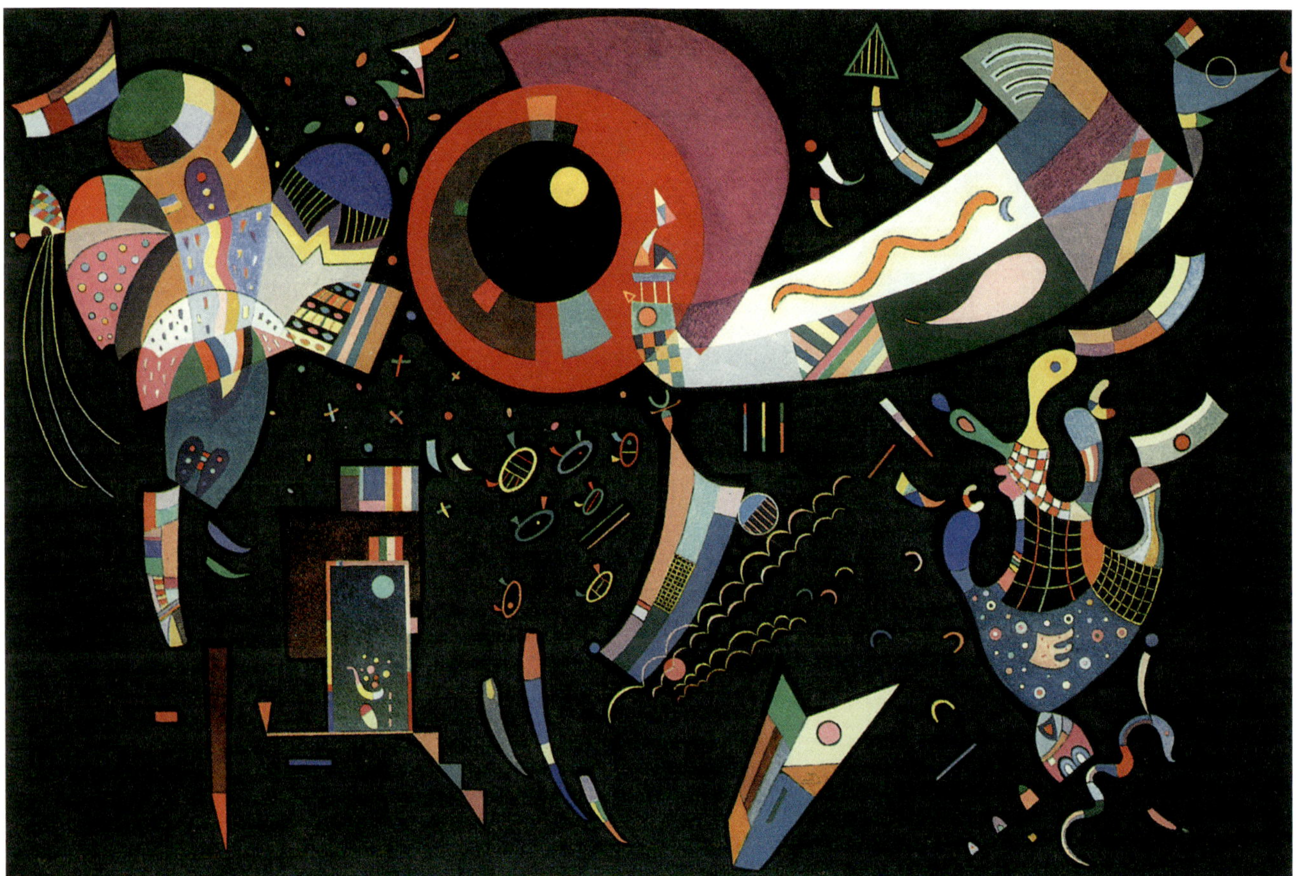

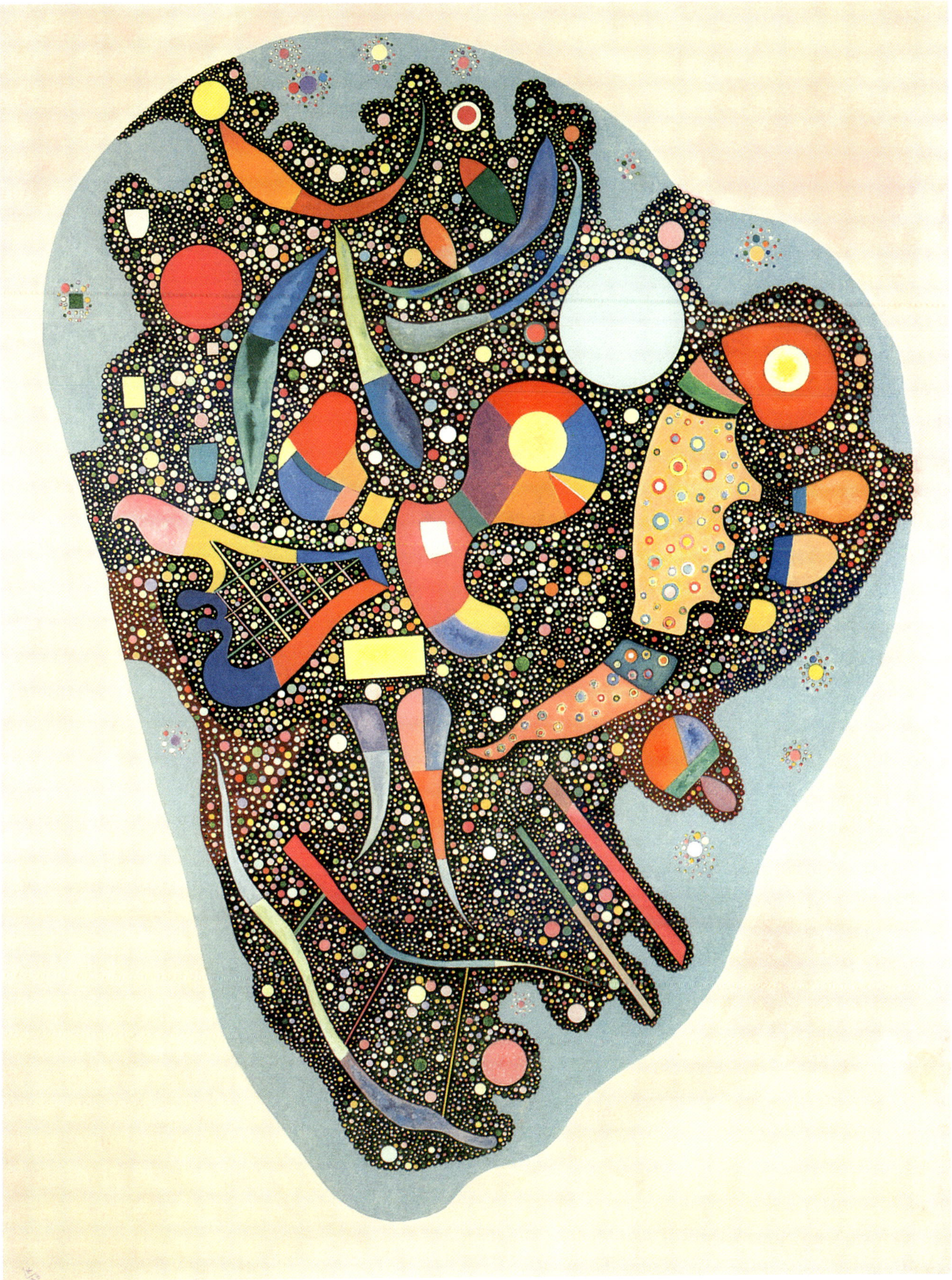

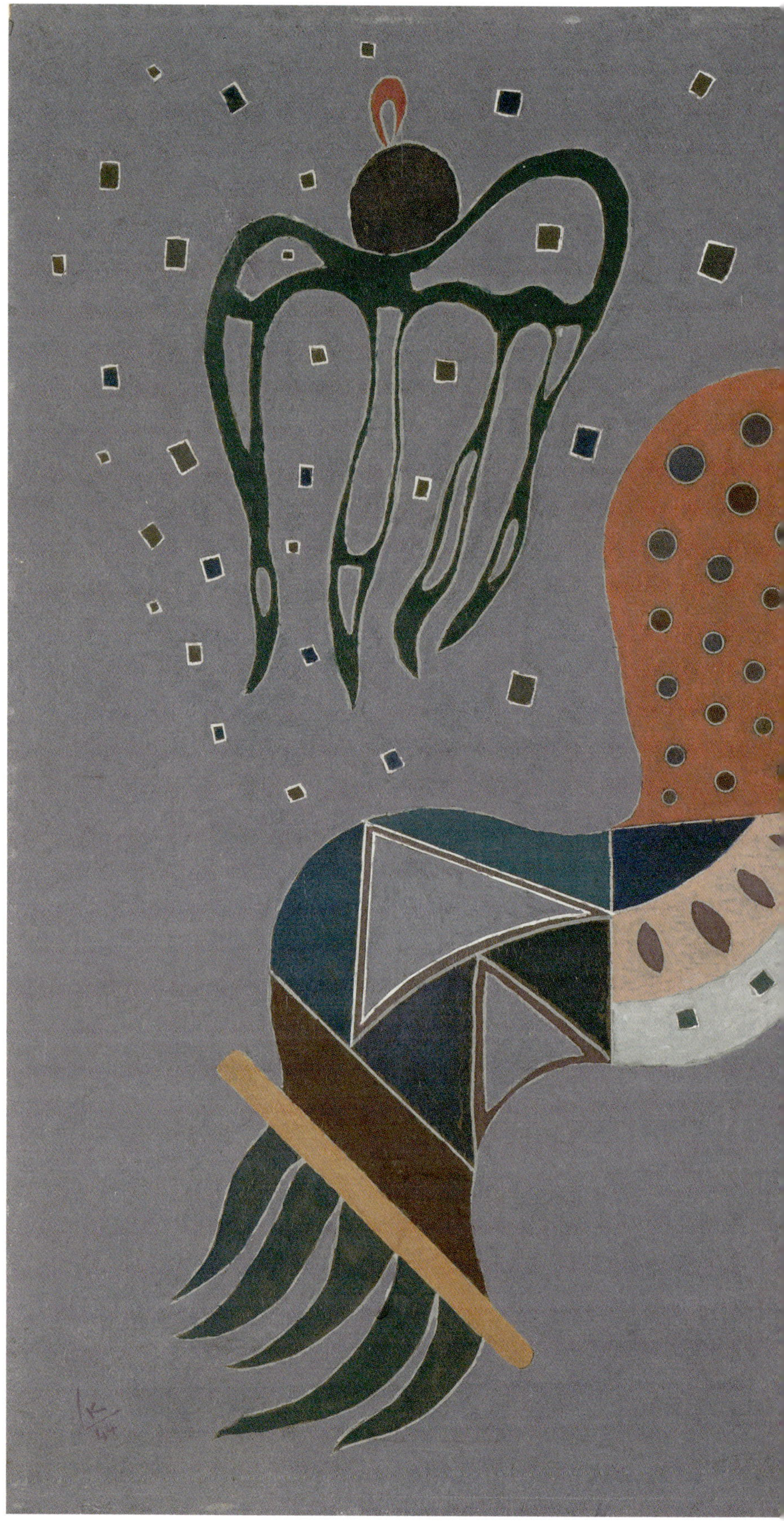

Gedämpfter Elan, 1944
Öl auf Karton, 42 x 58 cm
Paris, Musée national d'art moderne,
Centre Georges Pompidou

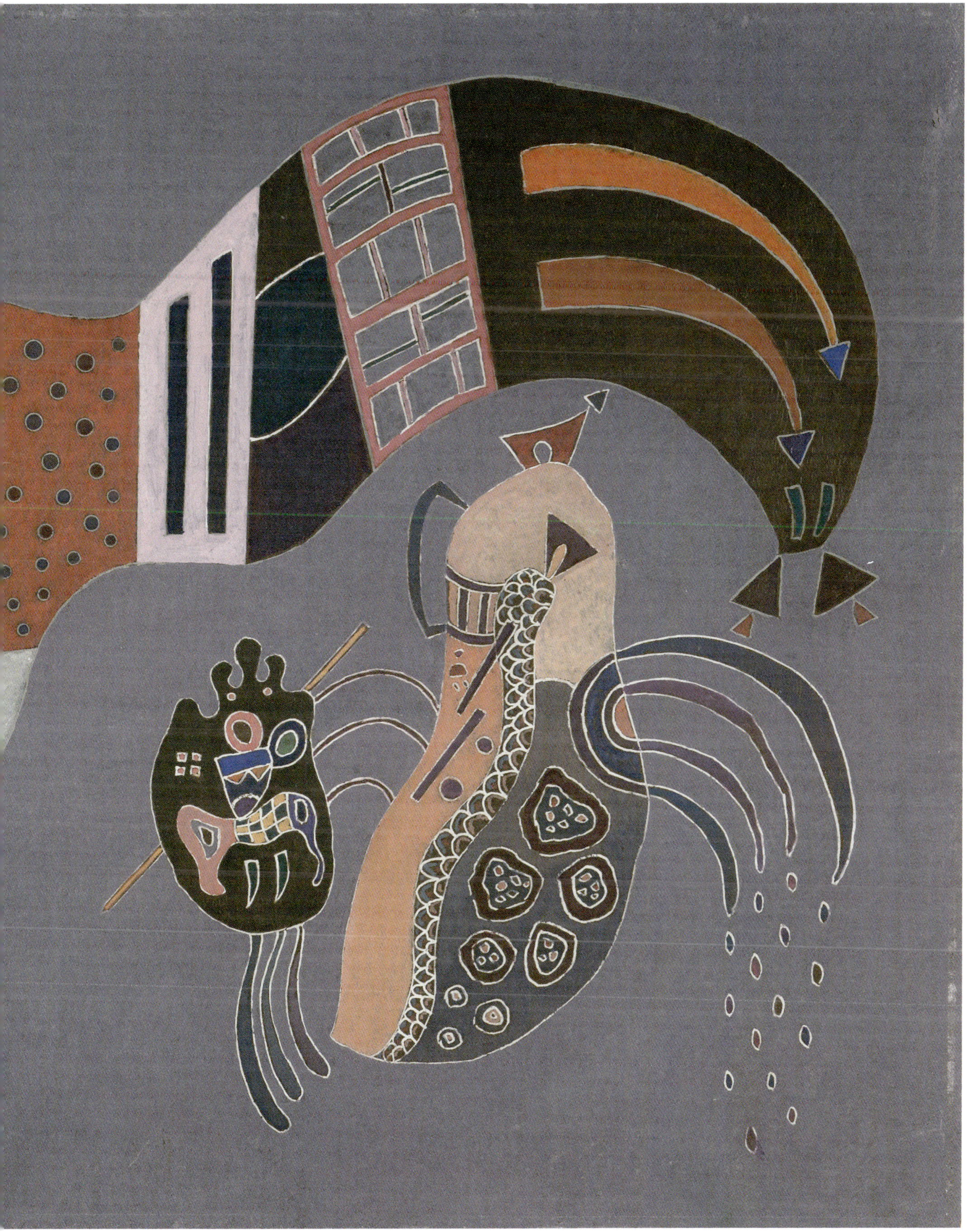

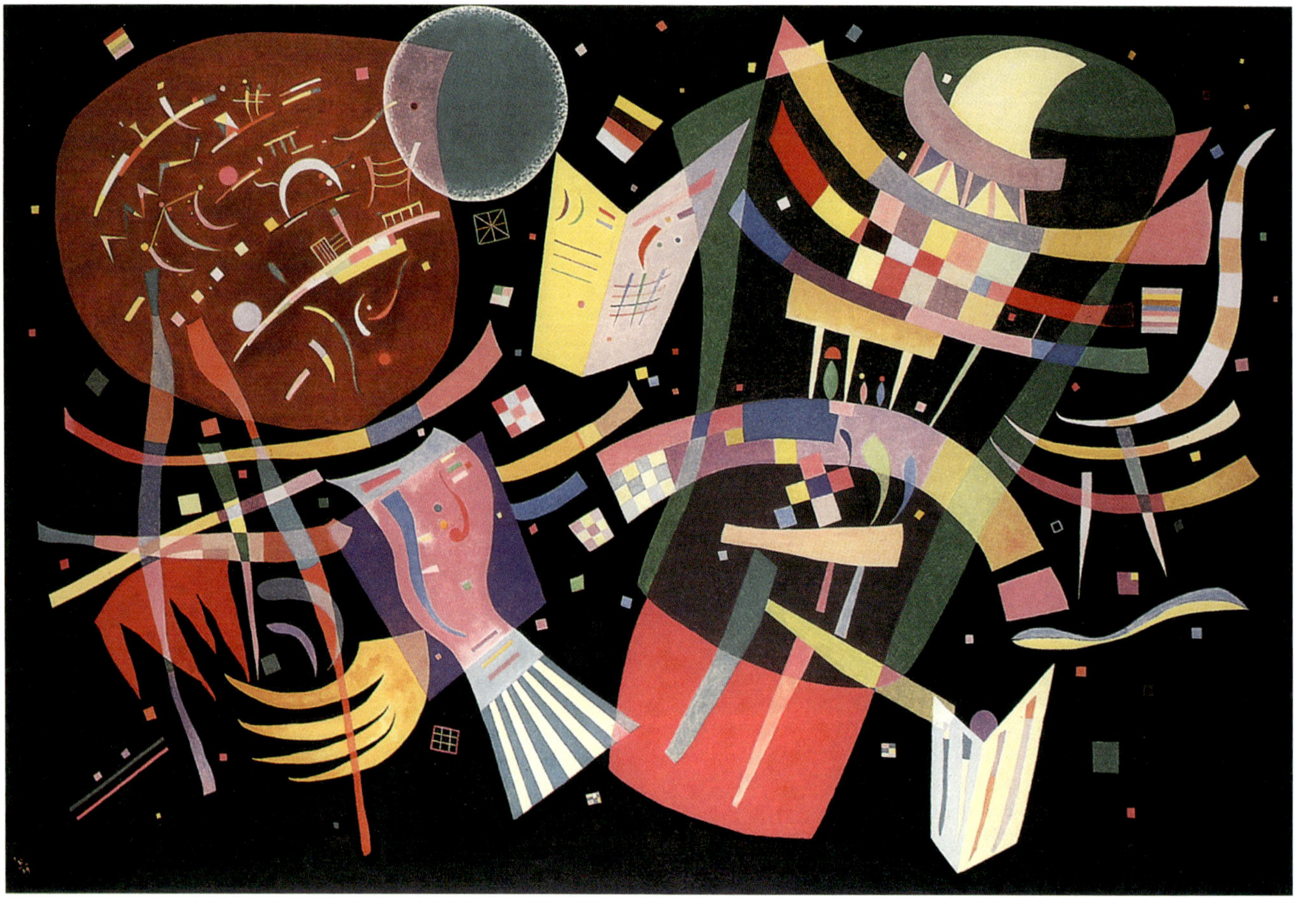

Komposition X, 1939
Öl auf Leinwand, 130 x 195 cm
Düsseldorf, Kunstsammlung
Nordrhein-Westfalen

Arteriosklerose, an deren Folgen er am 13. Dezember 1944 starb, malte Kandinsky an kleinen Kartons weiter. Sein letztes Bild *Gedämpfter Elan* (Abb. S. 88–89) zeigt, einmal abgesehen von der gedämpften Palette, ebenso wenig von der äußeren und inneren Bedrohung wie alle anderen Bilder der Kriegsjahre.

Kandinsky war sich bis zuletzt seiner „inneren Welt" sicher, einer Bild-Welt, in der die Abstraktion nicht Selbstzweck sein und ihre Formensprache nicht „Totgeburt", sondern aus dem Willen nach Inhaltlichkeit und Lebendigkeit entstehen sollte. Diese einzigartige Farb- und Formsprache Kandinskys war daher weit mehr dem romantischen Schöpfungsmythos verpflichtet, dem Entstehen des Neuen aus dem Chaos, als der platten Geometrie aus wenigen Grundformen, auf die einige Konkrete und Konstruktivisten sein Werk reduzieren wollten. Kandinsky war nicht nur maßgeblich beteiligt an den wichtigsten Unternehmungen der modernen Kunst, sondern führte vor allem eine völlig neue Auffassung der Malerei ein, die er in vielfältigen, oft angefeindeten Verwandlungen als Modell einer ungegenständlichen, aber inhaltlich verstandenen Kunst hinterließ. Von diesem Modell zweigten sehr unterschiedliche Kunstrichtungen und Künstler, Anhänger konkreter, geometrischer Kunst wie des gestischen Informel, ihre künstlerische Ausrichtung ab. Bis heute aber ist der Fundus von Kandinskys Ideen und theoretischen Ansätzen nicht erschöpft.

Ohne Titel, 1941
Gouache, 48,1 x 31,2 cm
New York, The Solomon R. Guggenheim
Museum, The Hilla von Rebay Foundation

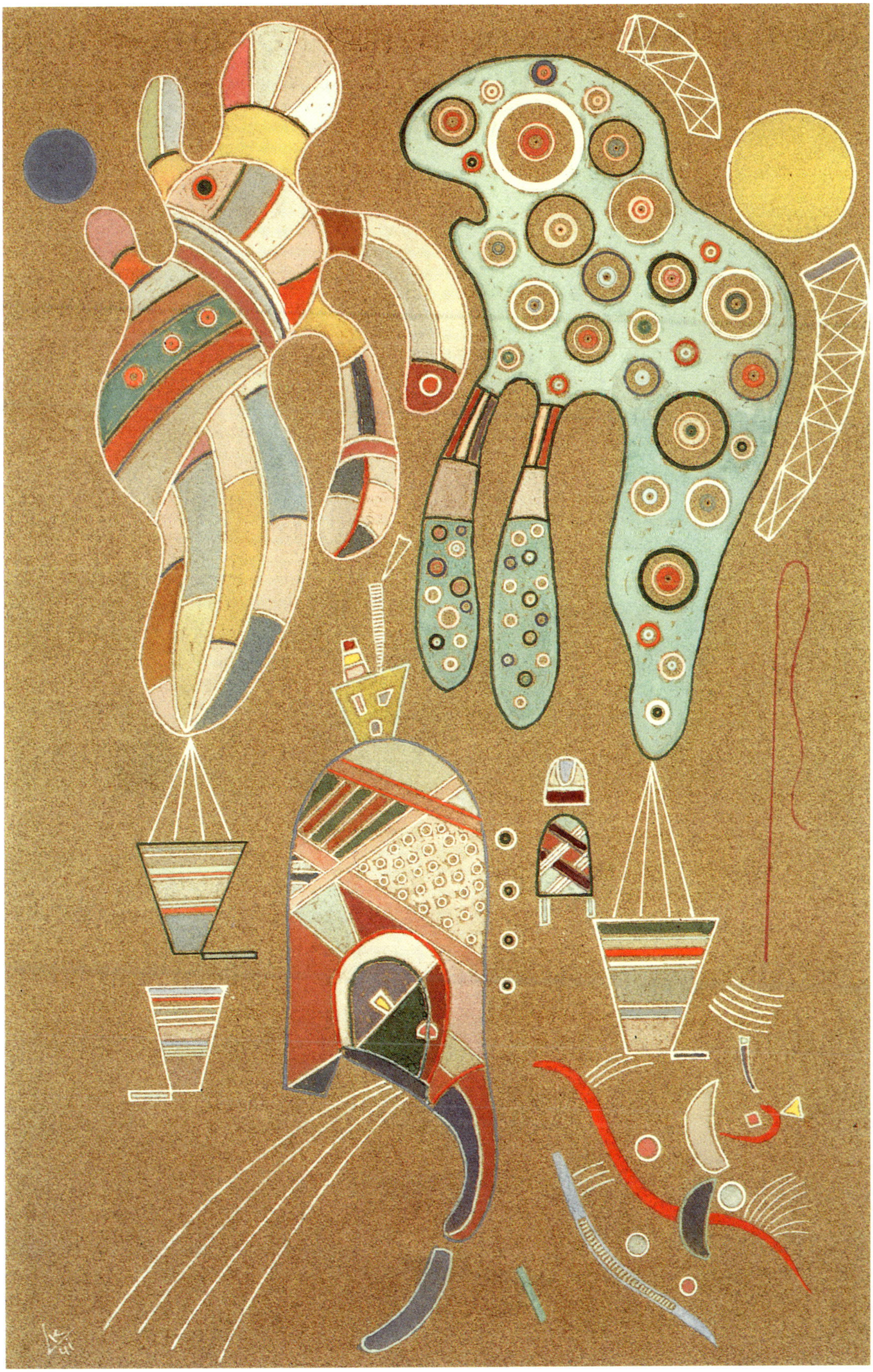

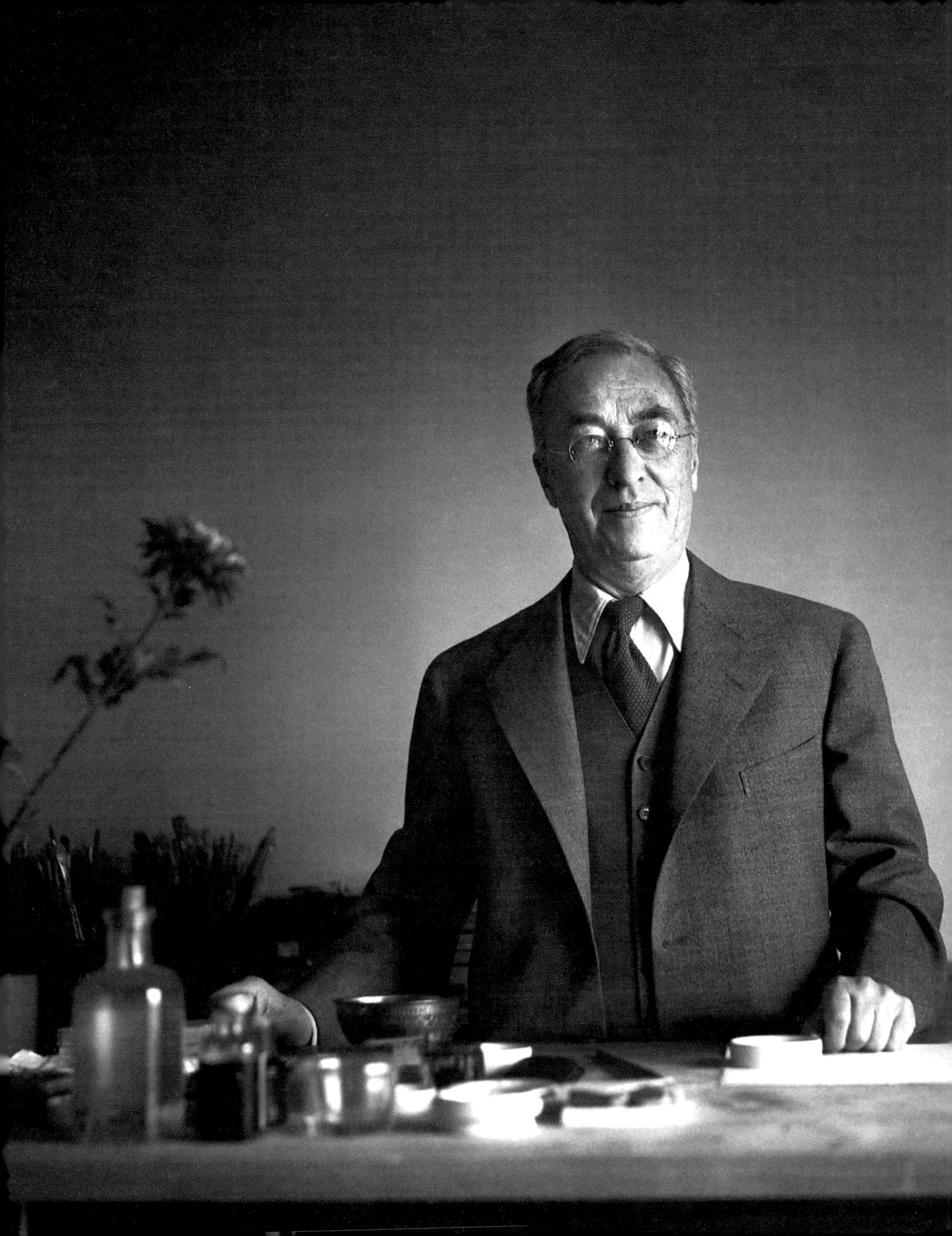

Wassily Kandinsky
1866–1944
Leben und Werk

1866 Am 4. Dezember wird Wassily Kandinsky in Moskau geboren; sein Vater ist ein Teehändler aus Ostsibirien, seine Mutter die Moskauerin Lydia Ticheeva.

1871 Übersiedelung der Familie nach Odessa. Scheidung der Eltern. Kandinskys Tante kümmert sich um seine Erziehung.

1876–1885 Erhält ersten Zeichen- und Musikunterricht; Besuch des humanistischen Gymnasiums in Odessa.

1886 Beginnt das Studium der Rechte und der Volkswirtschaft an der Universität Moskau.

1889 Unternimmt im Rahmen eines Forschungsprogramms der „Gesellschaft für Naturwissenschaften, Ethnografie und Anthropologie" eine Expedition nach Wologda. Nachhaltig beeindruckt zeigt er sich von der kraftvollen Volkskunst Nordrusslands.

1892 Beendet sein Universitätsstudium mit dem juristischen Staatsexamen. Heiratet seine Kusine Anja Tschimiakin.

1893 Wird Assistent an der Universität Moskau. Dissertation „Über die Gesetzmäßigkeit der Arbeiterlöhne".

1895 Arbeitet als künstlerischer Leiter der Druckerei Kutscherew in Moskau.

1896 Lehnt einen Ruf an die Universität von Dorpat ab, um sich dem Studium der Malerei zu widmen. Übersiedelung nach München und Beginn des Kunststudiums in der Malschule von Anton Ažbe.

1897 Lernt bei Ažbe die Maler Alexej Jawlensky und Marianne von Werefkin kennen. Besucht die Ausstellung der „Münchner Sezession", beschäftigt sich mit dem Jugendstil.

1898 Bemüht sich erfolglos um Aufnahme an der Kunstakademie bei Franz von Stuck; arbeitet selbstständig weiter.

1900 Studiert bei Franz von Stuck an der Münchner Kunstakademie. Zur gleichen Zeit ist Paul Klee bei von Stuck. Im Februar zeigt Kandinsky seine Arbeiten in Moskau auf der Ausstellung der „Moskauer Künstlervereinigung".

1901 Gründet im Mai zusammen mit Rolf Niczky, Waldemar Hecker, Gustav Freytag und Wilhelm Hüsgen die Ausstellungs- und Künstlervereinigung „Phalanx" und wird zum Präsidenten der Vereinigung gewählt. Im Winter öffnet die „Phalanx-Malschule", die Kandinsky leitet.

1902 Lernt die Malschülerin Gabriele Münter kennen. Zweite Ausstellung der „Phalanx". Stellt in der Berliner „Sezession" aus. Dritte Phalanx-Ausstellung mit Werken von Lovis Corinth und Wilhelm Trübner. Verbringt einen Teil des Sommers mit seiner Malklasse in Kochel.

1903 Zeigt in der siebten Phalanx-Ausstellung Bilder von Claude Monet. Nach der Schließung der „Phalanx-Malschule" erhält Kandinsky von Peter Behrens das Angebot, eine Klasse für dekorative Malerei an der Düsseldorfer Kunstgewerbeschule zu leiten, das er ablehnt.

1904 In der neunten Phalanx-Ausstellung, die Alfred Kubin gewidmet ist, stellt Kandinsky selbst farbige Zeichnungen und Holzschnitte aus. 15 seiner Werke werden in der Moskauer „Künstlervereinigung" gezeigt. Arbeitet an einer Farbentheorie. Trennt sich im September von seiner Frau; unternimmt wieder zahlreiche Städtereisen mit Münter. Sein Holzschnittalbum *Gedichte ohne Worte* erscheint in Moskau. Erste Ausstellung im „Salon d'Automne" in Paris, an dem er bis 1910 jährlich teilnimmt. Im Dezember findet die zwölfte und letzte Ausstellung der Phalanx statt.

1905 Nimmt an der Ausstellung der Moskauer Künstlervereinigung teil. Wird Mitglied des „Deutschen Künstlerbundes". Stellt im „Salon des Indépendants" in Paris aus.

1906 Fährt mit Münter nach Paris, wo sie bis Ende des Jahres wohnen. Teilnahme an zahlreichen Ausstellungen, im „Herbstsalon" von Paris, mit den Künstlern der „Brücke" in Dresden und der „Sezession" in Berlin.

1907 Zeigt 109 Arbeiten im „Musée du Peuple" von Angers. Lebt mit Münter von September 1907 bis April 1908 in Berlin.

1908 Ausstellung von März bis Mai im Salon des Indépendants" von Paris. Von Mitte August bis Ende September arbeiten Kandinsky, Münter, Jawlensky und Werefkin in Murnau. Stellt im Herbstsalon von Paris und in der Berliner Sezession aus.

1909 Am 22. Januar Gründung der „Neuen Künstlervereinigung München". Die erste Ausstellung findet vom 1. bis 15. Dezember in der „Modernen Galerie Thannhauser" statt. Kandinsky beginnt an der Bühnenkomposition *Der Gelbe Klang* zu arbeiten. In Paris gibt er den Band *Xylographien* heraus; stellt im Salon des Indépendants aus. Erste Hinterglasbilder, angeregt von der bayerischen Kunsttradition. Erste *Improvisationen.*

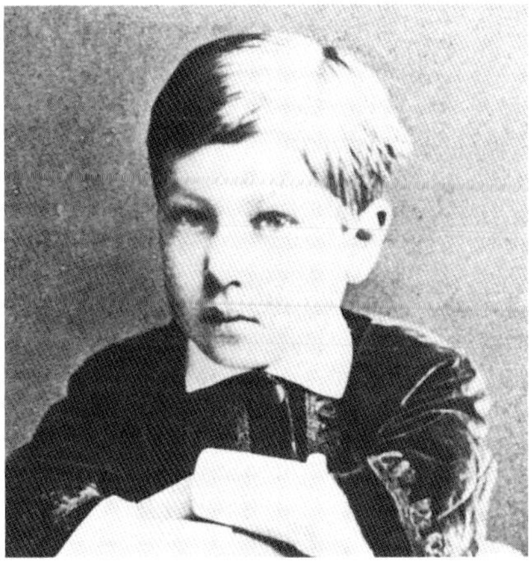

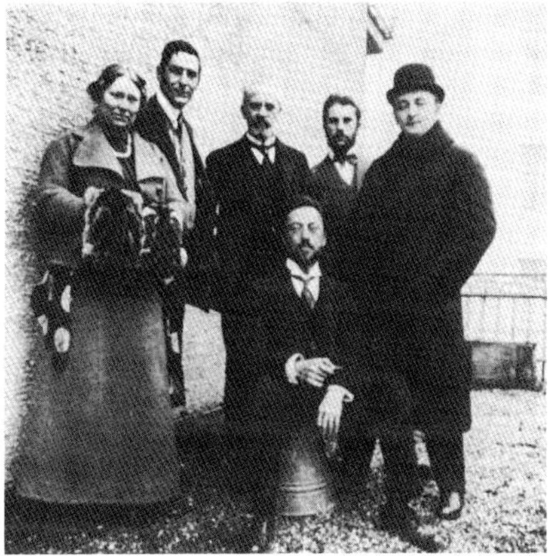

GANZ OBEN
Kandinsky in Odessa, um 1871

OBEN
Maria und Franz Marc, Bernhard Koehler sr., Heinrich Campendonk, Thomas von Hartmann und Kandinsky in der Ainmillerstraße, München, 1911; Foto: Gabriele Münter

Kandinsky, 1936

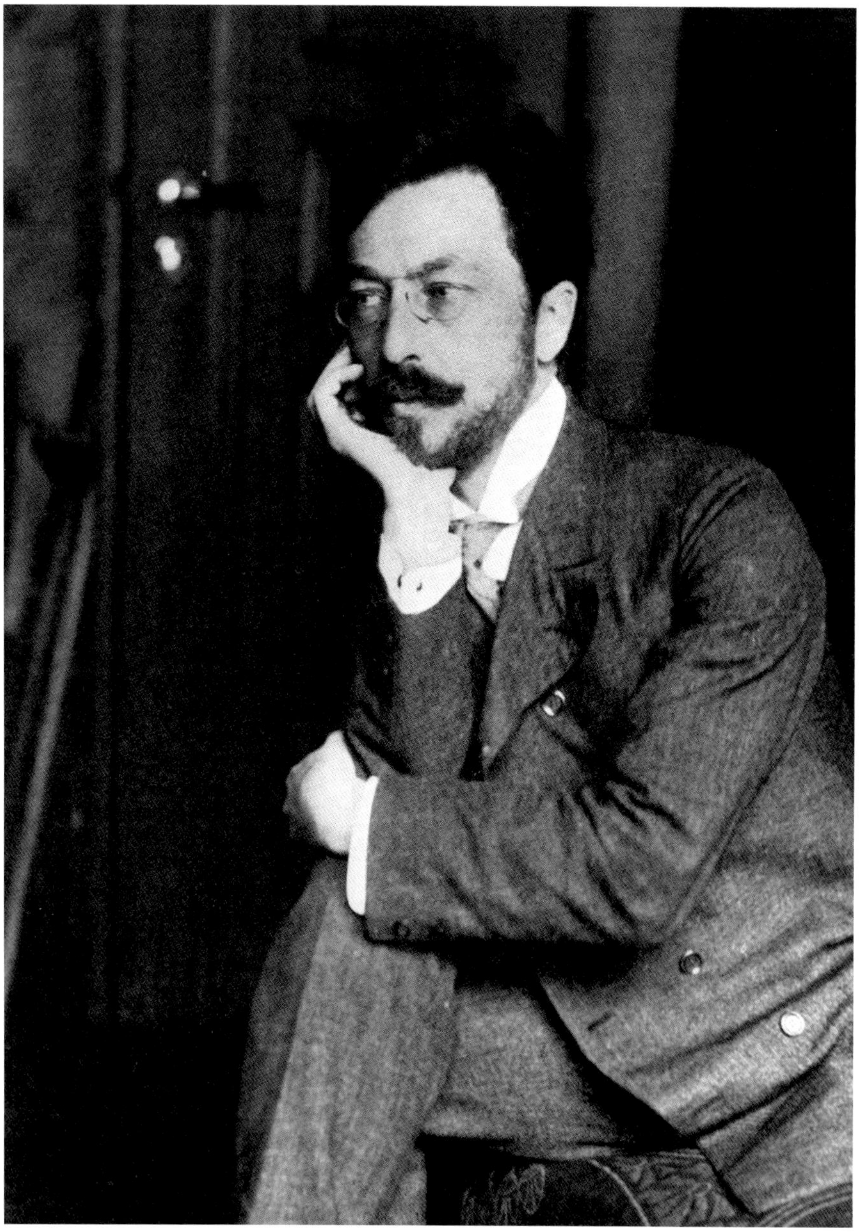

Kandinsky, um 1910

1910 *Komposition I.* Arbeitet von Februar bis März wieder in Murnau. Während der zweiten Ausstellung der Neuen Künstlervereinigung (1.–14. September in der Neuen Galerie Thannhauser) lernt er Franz Marc kennen. Vom 14. Oktober bis zum Ende des Jahres hält sich Kandinsky in Russland auf; in Odessa stellt er 52 Arbeiten im „Internationalen Salon" aus; nimmt an der von Michail Larionow organisierten Ausstellung „Karo Bube" teil.

1911 Beginn des Briefwechsels mit Arnold Schönberg. Am 10. Januar Rücktritt vom Vorsitz der NKVM. Beteiligt sich, u. a. mit Franz Marc, an der Publikation „Im Kampf um die Kunst" als Antwort auf Carl Vinnens Pamphlet „Protest deutscher Künstler". Erste Pläne für den Almanach *Der Blaue Reiter.* Bei der Vorbereitung zur 3. Ausstellung der „Neuen Künstlervereinigung" lehnt die Jury am 2. Dezember Kandinskys *Komposition V* ab; Kandinsky, Marc und Münter treten aus. Scheidung von seiner Frau. Am 18. Dezember Eröffnung der ersten Ausstellung „Der Blaue Reiter" in der Modernen Galerie Thannhauser. Bei Piper in München erscheint seine Schrift „Über das Geistige in der Kunst".

1912 Zweite Ausstellung „Der Blaue Reiter" in der Galerie Hans Goltz in München (12. Februar bis 18. März, nur grafische Arbeiten). Der Almanach *Der Blaue Reiter* erscheint im Mai. Kandinsky nimmt an zahlreichen Ausstellungen teil. Im Oktober erste Einzelausstellung in der Galerie „Der Sturm" in Berlin, im November in Rotterdam. Mitte Oktober bis Mitte Dezember Aufenthalt in Russland; Teilnahme an verschiedenen Ausstellungen, so an „Karo Bube" in Moskau und „Zeitgenössische Malerei" in Jekaterinodar.

1913 Entstehung von *Komposition VI* und *Komposition VII.* Teilnahme an der „Armory Show" in New York. Enge Kontakte zu Herwarth Walden; der Aufsatz „Malerei als reine Kunst" erscheint in der Zeitschrift *Der Sturm,* seine „Rückblicke" im Album „Kandinsky 1901–1903". Ausstellungsbeteiligung am „Sturm" sowie am „Ersten deutschen Herbstsalon". Beim Piper Verlag erscheinen seine mit Holzschnitten illustrierten Prosagedichte *Klänge.*

1914 Einzelausstellung in der Modernen Galerie Thannhauser in München und im „Kreis für Kunst" in Köln. Arbeit an vier großen Gemälden für die Villa von Edwin A. Campbell in New York. Am 3. August, zwei Tage nach Ausbruch des Ersten Weltkriegs, Flucht in die Schweiz zusammen mit Gabriele Münter. Kandinsky schreibt die Bühnenkomposition *Violetter Vorhang.* Am 25. November Abreise aus Zürich über den Balkan nach Russland; lässt sich in Moskau nieder.

1915/16 Im Winter letztes Treffen mit Münter in Stockholm.

1917 Am 11. Februar Heirat mit Nina Andreewsky, Tochter eines Generals. Hochzeitsreise nach Finnland. Geburt des Sohns Vsevdod, der 1920 stirbt.

1918 Mitbegründer eines neuen Konzepts für die russische Kunstpolitik; wird Mitglied in dem von Wladimir Tatlin geleiteten Moskauer Künstlerkollegium (später Abteilung für Bildende Kunst des Kommissariats für Volksbildung, IZO NARKOMPROS) und verteidigt die Position einer „absoluten Kunst".

1919 Ab Juni Direktor des „Museums für Malkultur" in Moskau (bis Januar 1921), im November Vorsitz der gesamtrussischen Ankaufskommission für Museen der Abteilung für Bildende Kunst des Kommissariats für Volksbildung. Anfang Dezember werden auf der Ersten Staatlichen Ausstellung in Moskau neben Arbeiten anderer russischer Künstler Bilder von Kandinsky, Kasimir Malewitsch und El Lissitzky gezeigt.

1920 Mitgründer des INChUK (Institut für künstlerische Kultur); ab Herbst Werkstattleiter an den SUOMAS (Staatliche Künstlerisch-Technische Werkstätten). Ausstellung von 54 Werken in der XIX. Ausstellung des Gesamtrussischen Zentralen Ausstellungskomitees in Moskau. Im Herbst Verschärfung des Konflikts mit Alexander Rodtschenko. Zu Beginn des Jahres 1921 verlässt Kandinsky das INChUK und die Werkstätten für Monumentale Malerei.

1921 Mitarbeit bei der Organisation der RAChN, der russischen Akademie der Kunstwissenschaften, Leitung der physisch-psychologischen Abteilung; wird zum Vizepräsidenten gewählt. Leitet dort die Werkstatt für Reproduktionen. Im Dezember 1921 Rückkehr nach Deutschland.

1922 Im Juni Umzug nach Weimar und Aufnahme der Tätigkeit am Bauhaus. Veröffentlichung der Mappe grafischer Arbeiten *Kleine Welten* am Bauhaus in Weimar. Wandgemälde für die „Juryfreie Kunstausstellung" in Berlin. Kandinskys Arbeiten werden auf der „Ersten Russischen Kunstausstellung" in der Galerie van Diemen in Berlin gezeigt.

1923 Erste Einzelausstellung in New York in der „Société Anonyme" (Katherine S. Dreier und Marcel Duchamp).

1924 Klee, Kandinsky, Jawlensky und Feininger schließen sich zur Gruppe „Die Blaue Vier" zusammen. Ausstellungen der Gruppe in den USA.

1925 Umzug des Bauhauses nach Dessau. Gründung der Kandinsky-Gesellschaft.

1926 In München erscheint Kandinskys zweite wichtige theoretische Arbeit „Punkt und Linie zu Fläche". Die erste Nummer der Zeitschrift *Bauhaus* ist Kandinsky zum 60. Geburtstag gewidmet. Aus Anlass dieses Jubiläums Retrospektive seines Werks in verschiedenen deutschen und europäischen Städten.

1927 Freie Malklasse am Bauhaus. Im Sommer Aufenthalt mit Arnold Schönberg und seiner Frau am Wörthersee in Österreich.

1928 Im März Erwerb der deutschen Staatsangehörigkeit. Bühnenspiel zu Modest Mussorgskys „Bilder einer Ausstellung" im Friedrich-Theater in Dessau.

1929 Erste Einzelausstellung von Aquarellen und Zeichnungen in Paris in der Galerie Zack.

1930 Reisen nach Paris und Italien. Kontakte zur Künstlergruppe „Cercle et Carré" in Paris und Teilnahme an der gleichnamigen Ausstellung. Paul Schultze-Naumburg entfernt die Arbeiten von Kandinsky, Klee und Schlemmer aus dem Museum in Weimar.

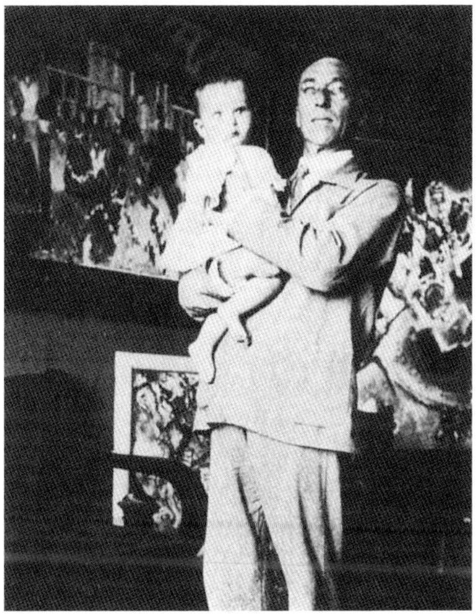

Kandinsky mit seinem Sohn Vsevdod
in Moskau, 1918

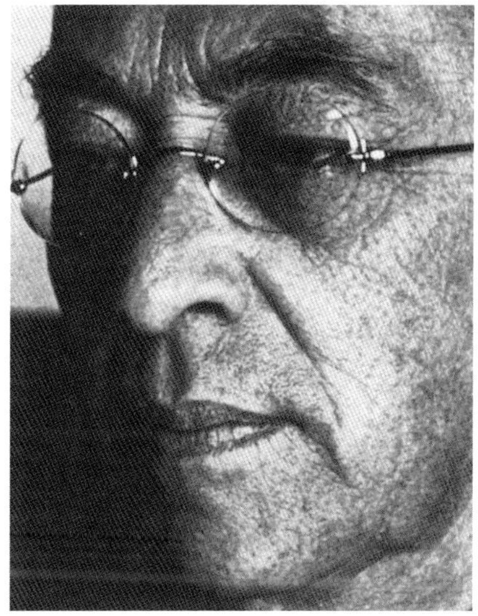

Kandinsky in Paris, 1935
Foto: Hannes Beckmann

1932 Umzug des Bauhauses nach Berlin.

1933 Im Juli endgültige Schließung des Bau-hauses. Ende Dezember Übersiedelung nach Frankreich.

1934 Kontakt zur Gruppe „Abstraction-Création"; Ausstellung in der „Galerie des Cahiers d'Art". Begegnung mit Constantin Brancusi, Robert und Sonia Delaunay, Fernand Léger, Joan Miró, Piet Mondrian, Antoine Pevsner, Hans Arp und Alberto Magnelli.

1936 Teilnahme an den Ausstellungen „Abstract and Concrete" (London) und „Cubism and Abstract Art" in New York.

1937 Kandinsky-Bilder werden in der Ausstellung „Entartete Kunst" gezeigt; 57 seiner Werke werden in deutschen Museen beschlagnahmt.

1938 Teilnahme an der Ausstellung „Abstracte Kunst" im Stedelijk Museum in Amsterdam; für den Katalog schreibt er den Artikel „Abstract or Concrete".

1939 Kandinsky und seine Frau erwerben die französische Staatsbürgerschaft. Beendet seine letzte große *Komposition X*.

1944 Die letzte Ausstellung zu Lebzeiten findet in der Galerie L'Esquisse in Paris statt.
Am 13. Dezember stirbt Kandinsky in Neuilly-sur-Seine an den Folgen einer Arteriosklerose.

UNTEN LINKS
Kandinsky in München, 1913
Foto: Martha Wolff

UNTEN RECHTS
Wassily und Nina Kandinsky in Dessau, 1926

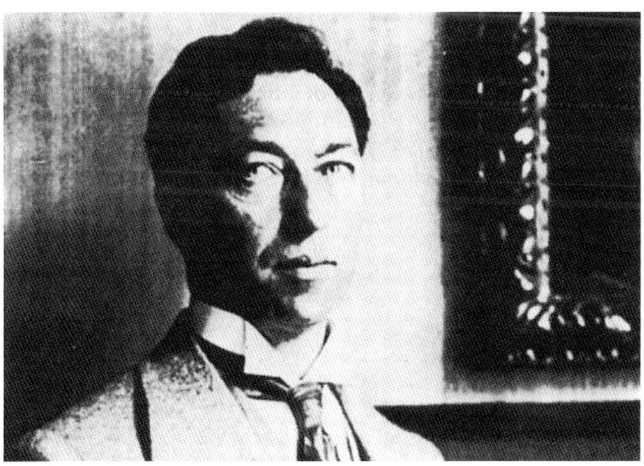

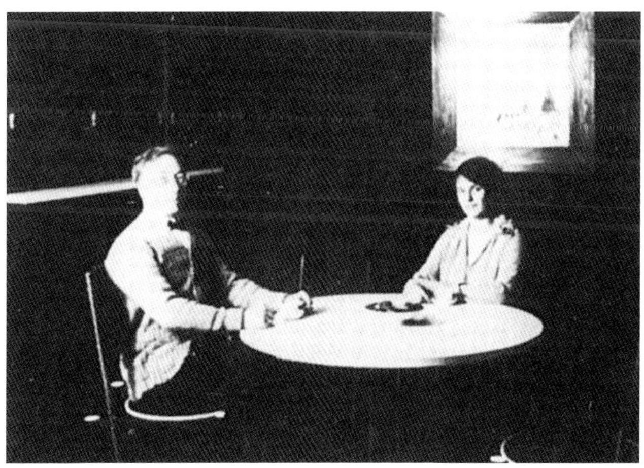

Fotonachweis

Der Verlag dankt den Museen, Galerien, Sammlern, Fotografen und Archiven für die erteilten Reproduktionsgenehmigungen.

akg-images, Berlin: 9, 37;
akg-images/Maurice Babey: 15, 62
Artothek, Weilheim: 19, 49, 50/51;
Artothek/Blauel/Gnamm: 28, 33;
Artothek/Peter Willi: 27, 36
Bauhaus-Archiv, Berlin: 73
bpk, Berlin: 90; bpk/Lutz Braun: 18
Bridgeman Images, London: 42, 92;
Bridgeman Images/Giraudon: 82;
Bridgeman Images/Peter Willi: Umschlagvorderseite, 74/75
Christie's Images Ltd/Artothek: 11
Corbis Images: 2, 94
Carmelo Guadagno: 86
David Heald: 58, 84
Walter Klein, Düsseldorf: 68/69
Galerie Döbele, Stuttgart: 70
Kunstmuseum Bern: 77
Kunstsammlung Nordrhein-Westfalen, Düsseldorf: 88/89
Musée National d'Art Moderne, Centre Georges Pompidou, Paris: 14, 57, 64, 85, 87, Umschlagrückseite
Museum Boymans Van Beuningen, Rotterdam: 76
Schirn Kunsthalle, Frankfurt: 54
Städtische Galerie im Lenbachhaus, München: 6, 8, 16, 20, 24, 30, 44, 52, 53, 65, 66
The Museum of Modern Art, New York: 31
The Solomon R. Guggenheim Museum, New York: 41, 46, 71, 72, 81, 91
Réunion des Musées Nationaux, Paris: 43, 78, 79, 83
Rheinisches Bildarchiv, Köln: 61
Westermann/Artothek: 32

Der Autor

Hajo Düchting (1949–2017) studierte Kunstgeschichte, Philosophie und Archäologie in München, wo er 1981 über Robert Delaunays „Fenster-Bilder" promovierte. Anschließend übernahm er Lehraufträge und hatte Gastprofessuren an den Universitäten München, Kassel, Leipzig, Saarbrücken und Mainz inne. Er veröffentlichte zahlreiche Publikationen zur Kunst der Moderne, Farbtheorie und Kunstdidaktik. Bei TASCHEN sind bisher erschienen: *Paul Cézanne*, *Wassily Kandinsky*, *Robert und Sonia Delaunay* und *Georges Seurat*.

UMSCHLAGVORDERSEITE
Gelb-Rot-Blau (Detail), 1925
Öl auf Leinwand, 127 x 200 cm
Paris, Musée National d'Art Moderne, Centre Georges Pompidou

SEITE 2
Kandinsky in seinem Atelier, Dezember 1936

SEITE 4
Kleine Welten II, 1922
Farblithografie, vier Steine, 25,4 x 21,1 cm
München, Städtische Galerie im Lenbachhaus

UMSCHLAGRÜCKSEITE
Wassily Kandinsky in seinem Atelier in Neuilly-sur-Seine, 1939

Impressum

EIN BAUM FÜR JEDES BUCH VON TASCHEN!
Unseren jährlichen Ausstoß an Kohlenstoffdioxid kompensieren wir mit Emissionszertifikaten des Instituto Terra, einem Regenwaldaufforstungsprogramm im brasilianischen Minas Gerais, gegründet von Lélia und Sebastião Salgado. Mehr über diese ökologische Partnerschaft erfahren Sie unter: www.taschen.com/institutoterra.
Inspiration: grenzenlos.
CO_2-Bilanz: (fast) null.

Lust auf mehr? Auf *taschen.com* finden Sie alle aktuellen Titel, können durch unser neuestes Magazin blättern und unseren Newsletter abonnieren.

Hohenzollernring 53, D–50672 Köln
www.taschen.com

Printed in Bosnia-Herzegovina
ISBN 978-3-8365-0739-4